# L'ÉGYPTE

ET

# LA FRANCE

PAR

FRANCIS RIAUX

PARIS

IMPRIMERIE D. JOUAUST

RUE SAINT-HONORÉ, 338

1870

# L'ÉGYPTE ET LA FRANCE

# L'ÉGYPTE

ET

# LA FRANCE

PAR

FRANCIS RIAUX

PARIS

IMPRIMERIE D. JOUAUST

RUE SAINT-HONORÉ, 338

1870

# L'ÉGYPTE ET LA FRANCE

## I

LE CONFLIT TURCO-ÉGYPTIEN. — SON ORIGINE ET SES CAUSES.
INTÉRÊT DE LA FRANCE DANS CETTE QUESTION.

En contraignant, il y a quelques mois, le pacha d'Égypte à reconnaître sur tous les points l'autorité souveraine du Sultan, le gouvernement ottoman a remporté une victoire pacifique qui lui procurera certainement plus d'avantages et une gloire plus solide qu'une bataille gagnée sur les bords du Danube ou dans les plaines d'Erzeroum. Par la force du droit et de la raison, par la fermeté et la dignité de son attitude, il a vaincu le mauvais vouloir et la résistance d'un pacha qui se croyait à la veille de réaliser des projets d'indépendance longuement médités et soigneusement préparés.

Les préoccupations et les inquiétudes excitées pendant six mois, parmi les hommes politiques et dans le monde des affaires, par le conflit que les prétentions d'Ismaïl-Pacha avaient soulevé, ont cessé.

Mais, précisément parce que l'apaisement est fait, au moins en apparence, il y a lieu d'examiner de près la situation d'où avait surgi le conflit turco-égyptien. Cet examen est, à cette heure, d'autant plus intéressant et plus opportun que certains intérêts privés, actifs et puissants, ont cherché, dans cette occasion, à se parer du nom et du prestige des intérêts de la France pour jeter de la confusion et de l'obscurité sur une situation très-claire et très-simple en elle-même.

Les mêmes causes pouvant toujours produire les mêmes effets, il importe que la politique de la France, dans cette partie de nos relations extérieures, suive et garde la ligne qui convient aux intérêts bien compris de notre pays, comme elle est la seule conforme à la lettre et à l'esprit des traités et au principe, vital pour nous, de l'intégrité de l'empire ottoman.

Le différend qui a éclaté si vivement, il y a quelques mois, entre le gouvernement ottoman et Ismaïl-Pacha, était à prévoir depuis plusieurs années, pour quiconque suivait avec quelque attention les allures et les prétentions croissantes de l'administration égyptienne.

Il devenait de plus en plus évident que le khédive, tout en feignant d'éviter une violation littérale des traités qui eût amené une rupture éclatante et immédiate avec la Porte, tendait à l'indépendance absolue de la province d'Égypte. Son armée était portée de 30,000 hommes, chiffre fixé par les firmans, à celui de

50,000 hommes; la construction d'une flotte cuirassée était commencée sur les chantiers de France et sur ceux de Trieste pour le compte de l'Égypte; l'achat de 200,000 fusils perfectionnés était réalisé aux États-Unis et ailleurs, pendant que des enrôlements à l'intérieur et à l'étranger, en Suisse notamment, avaient lieu pour l'armée et la marine. L'Égypte étant placée sous la sauvegarde des traités qui garantissent l'intégrité de l'empire ottoman, dont elle est une province, contre quel mystérieux ennemi le khédive pouvait-il armer à si grands frais, et avec une persévérance si difficile à expliquer?

Ces coûteux préparatifs pouvaient-ils avoir d'autre objet que d'assurer son indépendance le jour où il se croirait en mesure de la proclamer?

Ce fut alors que l'ouverture imminente du canal de Suez parut à Ismaïl-Pacha une occasion favorable à ses projets, s'il parvenait à y intéresser les différentes cours de l'Europe. En conséquence, il entreprit son voyage à Corfou, à Florence, à Vienne, à Berlin, à Paris et à Londres, sous le prétexte apparent d'inviter les souverains à assister à l'inauguration du canal de Suez. Son but immédiat était de sonder le terrain en proposant à l'assentiment des puissances la neutralisation de l'isthme, dans la pensée que le canal de Suez neutralisé formerait une barrière qui empêcherait le Sultan d'envoyer des troupes pour l'attaquer de ce côté, où la défense était impossible. Réduite à une attaque par mer, exigeant un armement maritime considérable, et ne pouvant aborder qu'un seul point de la côte, l'armée ottomane aurait rencontré sur le sol égyptien une armée plus aisément égale.

Mais la Porte, émue de ces démarches que le khédive ne prenait pas la peine de dissimuler, se prononça avec d'autant plus de raison contre les projets d'Ismaïl-Pacha, qu'à elle seule appartient le droit de négocier toute question internationale relative à l'isthme, dont un firman impérial avait pu seul autoriser le percement. La défense de ses droits de souveraineté à cet égard imposait au Sultan une attitude vigilante en présence des démarches réitérées du khédive. En même temps les ambassadeurs de Turquie près des cours européennes reçurent l'ordre d'assister aux visites de présentation du khédive dans chaque cour, afin de constater par leur présence la subordination légale du prince égyptien vis-à-vis du Sultan. C'était une affirmation officielle des droits de souveraineté du Sultan. Aucune chancellerie en Europe ne se méprit sur le but et la signification de cette attitude. Ce fut le premier temps d'arrêt apporté aux espérances ambitieuses du khédive.

Bientôt après, la lettre du grand vézir au khédive, suivie de la réponse de celui-ci et de la réplique d'Aali-Pacha, révéla le mécontentement de la Porte, la résistance tentée avec embarras par le khédive, et la résolution du Sultan de maintenir l'intégrité de ses droits sur la province d'Égypte. Le conflit était devenu flagrant.

En droit strict, et à la lettre, la difficulté était une question purement intérieure à l'empire ottoman, puisqu'elle n'existait qu'entre l'autorité du Sultan et les prétentions d'un gouverneur nommé par lui. La Porte n'a jamais permis qu'elle revêtit un autre caractère, et elle a eu parfaitement raison.

Mais l'intérêt qu'ont les grandes puissances, et particulièrement l'Angleterre, la France et l'Autriche, à ce que la paix ne soit pas troublée en Orient, devait susciter, et amena en effet, l'intervention des ambassadeurs auprès de la Porte pour apaiser le conflit.

Nous n'avons pas à raconter ici comment ni dans quels termes cette intervention s'est produite, ni à rechercher jusqu'à quel point elle était justifiée. En l'absence des pièces diplomatiques, qui ne seront publiées que plus tard, tout jugement serait prématuré. Ce que nous pouvons affirmer cependant, c'est que cette intervention n'a jamais été au delà de conseils amicaux tendant à recommander à Constantinople la modération et l'indulgence. Au fond, du côté des puissances, la question fut tranchée aussitôt que posée; aucune d'elles ne songea jamais sérieusement à appuyer les prétentions du khédive, et la Porte, de son côté, garda résolûment la ligne qu'elle s'était tracée dès le début.

Le premier résultat de cette intervention, sur laquelle évidemment on avait trop compté au Caire, fut de dessiller les yeux d'Ismaïl-Pacha et de le rendre au sentiment de sa situation vraie. Ses conseillers eurent bientôt compris qu'il était moins facile d'entraîner les cabinets européens que d'obtenir l'adhésion ou le silence de quelques journaux.

On avait d'autant plus espéré au Caire l'appui de 'Angleterre, secondant la bienveillance traditionnelle de la France, que la Grande-Bretagne a un besoin absolu de la paix en Égypte, afin de faciliter le passage de ses troupes et de ses produits manufacturiers pour l'Inde et le haut Orient, et réciproquement pour les retours de l'Inde et de l'Australie en Europe.

Mais l'Angleterre voit clairement que la Turquie a un intérêt de premier ordre à ce que la province d'Égypte soit ouverte au transit commercial de manière à offrir toute sécurité; et les hommes d'État du Foreign-Office savent très-bien que la garantie de la Turquie vaut mieux que celle d'un simple pacha, fût-il héréditaire. Voilà comment la Grande-Bretagne, tout en se montrant bien disposée pour le khédive, s'est refusée à l'appuyer, et a soutenu la Porte.

La leçon aurait dû être entendue au Caire, même au milieu des splendeurs de l'inauguration du canal maritime. Elle ne le fut pas, et il fallut un langage énergique pour faire céder Ismaïl-Pacha.

Mais ce qui doit attirer l'attention des publicistes et des esprits politiques dans cette question, c'est que les causes qui ont amené le conflit pourront fort bien persister à l'état latent, même après l'apaisement d'aujourd'hui. Les effets probables qui résulteraient de l'état de choses actuel, si la question n'était pas réglée et tranchée définitivement, méritent donc d'être pris en considération, puisque le monde des affaires s'en est ému autant que le monde diplomatique.

Ce qui nous touche particulièrement, nous autres Français, dans ce qu'on pourrait appeler la question turco-égyptienne, c'est l'intérêt qu'a la France de voir cette question absolument vidée, et vidée en conformité avec le grand principe de l'intégrité de l'empire ottoman.

La France a fait pour l'Égypte, depuis le commencement du siècle, plus qu'aucune autre puissance européenne. Ce sont des ingénieurs français qui ont conçu et exécuté la plupart des grands travaux publics dont le résultat a été de changer la face du pays; et le canal maritime de Suez, dû à l'initiative et à la persévérance d'un Français, a été exécuté à l'aide de capitaux fournis en grande partie par la France.

Il y a donc d'excellentes raisons pour que la France porte ses regards vers cette grande province de l'empire ottoman. Par tous ces motifs, la question turco-égyptienne mérite que nous l'examinions avec d'autant plus de soin que des publicistes irréfléchis ont cherché à tirer de cette situation des conséquences excessives et, à nos yeux, périlleuses pour notre politique.

---

## II

LE FIRMAN DE 1841. — PRESCRIPTIONS RELATIVES AU RANG DU PACHA D'ÉGYPTE ET A SES RAPPORTS AVEC LES PUISSANCES ÉTRANGÈRES, A LA LEVÉE DES IMPÔTS, A L'ARMÉE ET A LA MARINE. — COMMENT LE KHÉDIVE N'EST RIEN DE PLUS QUE LE GOUVERNEUR HÉRÉDITAIRE D'UNE PROVINCE DE L'EMPIRE.

Pour se rendre compte de la situation et l'apprécier avec exactitude, il faut constater, avant tout, la nature précise des rapports de l'administration égyptienne avec le gouvernement du Sultan.

Ces rapports ont été réglés à la suite des événements de 1840, et en conséquence de la soumission de Méhémet-Ali, par le firman du 13 février 1841, modifié en mai 1841, qu'on perd souvent de vue à propos des affaires égyptiennes, et qui est en quelque sorte la charte de concession du gouvernement de l'Égypte à Méhémet-Ali et à ses descendants. Aux termes de cet acte, l'administration de l'Égypte lui est accordée, à titre héréditaire pour lui et ses descendants, aux conditions et avec les réserves suivantes, énoncées textuellement dans le firman, et qu'il est opportun de rappeler :

« Bien que les pachas d'Égypte aient obtenu le privilége de l'hérédité, ils doivent cependant être considérés, quant à la préséance, comme étant sur un pied d'égalité avec les autre vézirs; ils seront traités *comme les autres vézirs de la Porte*, et recevront les mêmes titres que l'on donne aux vézirs quand on leur écrit. »

Ainsi, rien de plus net que ce point de départ. Le pacha d'Égypte est un vézir comme celui qui réside à Constantinople. L'un et l'autre prennent le titre d'altesse. Le titre de khédive, accordé il y a deux ans à Ismaïl-Pacha par le sultan, et qui veut dire Seigneur, est une expression de courtoisie pouvant être employée également envers d'autres fonctionnaires ayant rang de vézir, et qui n'a point de signification spéciale dans la langue officielle et diplomatique. Voilà pour le rang.

« Tous les traités conclus et à conclure entre la Porte et les puissances amies seront complétement mis à exécution dans la *province de l'Égypte*, et tous les règlements faits et à faire par la Porte seront mis en pratique en Égypte, en les conciliant le mieux possible avec les circonstances locales et les principes de la justice et de l'équité. »

Rien encore de plus simple ni de plus logique. L'Égypte fait partie intégrante de l'empire ottoman, dont elle est une *province*, soumise comme toutes les autres à la souveraineté du sultan et aux lois de l'empire. Les traités conclus à Constantinople sont donc exécutés de plein droit en Égypte, comme ils le seraient en toute autre province. Cette situation ressemble si peu à l'autonomie, qu'on peut dire qu'elle en est le contraire.

Comme conséquence pratique et effective, le firman porte ensuite ceci :

« Tous les impôts, tous les revenus seront perçus et recueillis au nom du Sultan, seul souverain ; et, attendu que les Égyptiens aussi sont les sujets de la Porte, et afin qu'un jour ils ne soient pas vexés, la dîme et les autres impôts seront perçus *conformément au système équitable établi par la Porte*, et l'on prendra soin de payer sur ces revenus le tribut annuel dont le chiffre est fixé dans un autre firman. »

A ce sujet, deux choses sont à remarquer : premièrement, que le Sultan, en même temps qu'il autorise la perception des impôts sur *ses sujets* égyptiens, exige qu'elle soit faite en son nom, ce qui est une manière de constater que le droit du pacha n'est en cette matière qu'une délégation du souverain ; et ensuite, comme si le firman avait prévu les abus incroyables auxquels allait donner lieu cette faculté d'imposer ses administrés accordée au pacha d'Égypte, il spécifie que les impôts seront perçus conformément au système équitable adopté par la Porte.

De même les monnaies frappées en Égypte seront semblables pour le titre, la valeur et la forme, aux monnaies de Constantinople et porteront le nom du Sultan. Voilà pour les finances. On voit, sur ce point capital, à quelles conditions et dans quelles limites peut se mouvoir l'administration égyptienne.

Pour l'armée et la marine, la question est résolue d'après le même principe, mais avec plus de précision encore :

« En temps de paix, 18,000 hommes suffiront pour le service intérieur de la province d'Égypte; il ne sera pas permis d'en augmenter le nombre. Mais, attendu que les troupes de terre et de mer de l'Égypte *sont instituées pour le service du Sultan*, il sera permis, en temps de guerre, de les porter au nombre qui aura été jugé convenable par la Porte. »

Ce chiffre de 18,000 hommes a été porté plus tard, par un firman ultérieur, à celui de 30,000. Mais Ismaïl-Pacha ne s'en est pas contenté, et son armée actuelle s'élevait, en septembre dernier, d'après tous les renseignements, à environ 50,000 hommes. C'est un des points qui ont motivé les remontrances de la Porte.

Le firman ajoute que les troupes employées en Égypte auront les mêmes insignes et les mêmes drapeaux que les autres troupes de la Porte. Les officiers de la marine emploieront les mêmes pavillons et les mêmes marques distinctives de grades que la marine ottomane.

De plus, le pacha d'Égypte ne pourra conférer de grades que jusqu'à celui de colonel inclusivement. Pour les grades supérieurs, c'est-à-dire ceux de général de brigade et de général de division, il devra prendre les ordres du Sultan.

Il ne pourra non plus faire construire de bâtiments de guerre sans avoir obtenu de la Porte *une autorisation claire et positive*.

Pour corroborer ces prescriptions, qui s'appliquent aux conditions d'existence de tout gouvernement, les traités avec les nations étrangères, les finances, l'armée et la marine, et qui placent toutes, sans exception, le pacha d'Égypte dans la situation explicitement dépendante d'un gouverneur de province, le firman recommande au gouverneur de l'Égypte de demander des ordres à Constantinople quand il s'agira d'affaires importantes. Il se termine par cette déclaration, qui est la sanction de toutes les autres :

« Attendu que chacune des conditions arrêtées comme ci-dessus est adhérente au privilége de l'hérédité, *si une seule d'elles n'est pas exécutée, ce privilége sera aussitôt aboli et annulé.* »

Tels sont les termes formels du contrat qui lie les descendants de Méhémet-Ali, en qualité de gouverneurs héréditaires de la province turque d'Égypte, à l'autorité souveraine du Sultan.

Cette autorité du Sultan n'est donc point, d'après les textes que nous avons cités, une souveraineté purement nominale. Elle est au contraire reconnue et affirmée de la façon la plus catégorique dans le seul titre sur lequel reposent les priviléges et les obligations du pacha d'Égypte.

Le descendant de Méhémet-Ali est le gouverneur héréditaire d'une province; c'est beaucoup. Et ce seul privilége entraîne par lui-même une certaine latitude, pour tous les détails administratifs, qui lui donne une valeur considérable. Mais enfin, sur tous les points essentiels, en ce qui concerne les finances, l'armée, la marine et les relations avec les puissances étrangères, le pacha est soumis aux ordres du Sultan, dont il n'est que le délégué comme les autres vézirs.

Les modifications apportées dans l'ordre de succession à l'administration de l'Égypte, par l'iradé du 27 mai 1866, qui autorise la transmission de père en fils, en ligne directe et par ordre de primogéniture, n'ont rien changé d'ailleurs aux autres prescriptions du firman de 1841.

Nous verrons plus loin qu'il en est de même du firman de 1867 qui, en qualifiant de khédive le gouverneur de l'Égypte, lui a confirmé une certaine extension de priviléges, relatifs à plusieurs détails de l'administration, et toujours subordonnés à des restrictions nettement définies. Ces nouveaux priviléges ont en vue les arrangements pour les douanes, la police des sujets européens, le transit des marchandises et des voyageurs, et la poste. Il s'agit là d'intérêts exclusivement locaux et dont la gestion n'affecte en rien les droits du souverain. Le firman a même la précaution de spécifier que ces arrangements relatifs aux douanes, à la police des étrangers, au transit et à la poste, n'auront jamais « la forme ni le caractère de traités internationaux ou de conventions politiques. » Le Sultan, en sa qualité de souverain unique de toutes les parties de l'empire ottoman, se réserve à lui seul le droit d'entretenir des représentants auprès des nations étrangères et de traiter directement avec elles. Le khédive ne peut que faire des arrangements avec les consuls pour les intérêts locaux. Hors cela, il n'est que le gouverneur d'une province de l'empire : et c'est pour cette raison que, lorsque l'été dernier il est allé visiter officiellement les différentes cours de l'Europe, il a dû, pour faire ces visites régulièrement, avoir chaque fois à ses côtés l'ambassadeur du Sultan accrédité près de chaque cour, et être présenté par lui.

Si maintenant, en dehors du firman de 1841, de l'acte constitutif de l'administration de l'Égypte, on se reporte aux autres pièces officielles qui ont précédé ou suivi ce firman, et qui en sont le commentaire ou le développement, depuis *l'acte séparé* annexé à la convention du 15 juillet 1840 jusqu'aux lettres de Rechid-Pacha, ministre des affaires étrangères de Turquie à cette époque, et aux autres documents diplomatiques, on reconnaîtra que la même pensée de sauvegarder *dans leur intégrité* les droits souverains du Sultan a constamment présidé à toutes les décisions de la Porte, comme elle avait inspiré toutes celles des puissances.

Il ne saurait donc y avoir de doute sur la question de droit. Elle est d'une clarté suprême et de la dernière évidence. Les textes sont d'une netteté et d'une précision qui ne laissent prise à aucune équivoque. A eux seuls ils résolvent la question de droit implicitement soulevée par quelques publicistes à l'occasion du conflit turco-égyptien.

Mais on est tellement accoutumé parmi nous à entendre parler de l'Égypte comme d'un pays à part, ayant son gouvernement propre et ses princes héréditaires, de même qu'il a son climat, son fleuve unique dans le monde et ses conditions spéciales d'existence et de production; on s'est habitué si facilement à le considérer en lui-même, abstraction faite des liens positifs qui le rattachent à l'ensemble de l'empire ottoman, qu'on éprouve presque de l'étonnement en présence du texte des actes qui ont constitué l'administration égyptienne, et qui donnent à cette administration un caractère si opposé à toute idée d'indépendance et d'autonomie.

---

# III

ASPIRATIONS DU KHÉDIVE VERS L'INDÉPENDANCE, ET TENTATIVES POUR LES RÉALISER. — SON VOYAGE PRINCIER EN EUROPE. — LE CONFLIT AVEC LA PORTE OTTOMANE. — LETTRE DU GRAND VÉZIR AU KHÉDIVE. — RÉPONSE DU KHÉDIVE. — RÉPLIQUE D'A'ALI-PACHA. — DERNIÈRE RÉPONSE DU KHÉDIVE. — FIRMAN DU SULTAN. — SOUMISSION U KHÉDIVE ET FIN DU CONFLIT.

Une administration ainsi constituée semblait devoir largement suffire à l'ambition d'un prince honnête et intelligent. Avec une grande liberté pour le bien il n'avait les mains liées que devant le rêve d'une indépendance périlleuse. Et en effet pendant vingt-cinq ans, à dater des traités de 1841, pendant les dernières années du gouvernement de Méhémet-Ali, et ensuite sous Abbas-Pacha et Mohammed-Saïd, aucune difficulté sérieuse ne s'éleva entre la Porte et le gouverneur de la province d'Égypte.

Mais à l'avénement d'Ismaïl-Pacha les choses commencèrent à changer de face. Il varia un peu sur la stratégie à suivre pour parvenir à ses fins; mais tous ses efforts, toutes ses pensées, furent constamment tournés vers le même but : les moyens d'assurer son indépendance.

Il s'occupa d'abord, dans les divers voyages qu'il fit à Constantinople, de capter particulièrement la confiance du Sultan et des principaux personnages du divan, afin d'obtenir successivement des faveurs qu'il pourrait faire servir plus tard à la réalisation de ses arrière-pensées.

Subissant, en outre, la funeste influence des flatteurs et des gens d'affaires, qui ne visaient qu'à exploiter sa vanité et sa soif des richesses, il en vint à se persuader que la satisfaction de sa secrète ambition serait chose facile.

Sans entrer ici dans un examen minutieux des principaux actes de son administration, il suffira d'en signaler les traits les plus caractéristiques. Ce fut ainsi qu'après s'être montré, dans les commencements, très-hostile à la Compagnie du canal maritime de Suez, et après avoir essayé de rompre les traités faits avec elle par Mohammed-Saïd, son prédécesseur, il s'arrêta devant les résistances de la France. Virant de bord aussitôt, il comprit l'avantage qu'il y aurait pour lui à tirer parti de cette entreprise en se faisant un appui de la puissance qui protégeait M. de Lesseps. Il accepta donc l'arbitrage de l'Empereur dans son différend avec la Compagnie, consentit à une indemnité de 84 millions, et montra le plus grand zèle pour l'achèvement du canal maritime, lui qui, depuis plusieurs années, s'était appliqué à exciter les inquiétudes et les jalousies de l'Angleterre contre cette même entreprise!

Il vint alors et revint en Europe, fit des emprunts, de grandes dépenses, et chercha à se créer des amis et des adhérents avec de l'or, et surtout avec des promesses, dans le monde des gens d'affaires. Il réussit.

A Constantinople, il avait plu également. L'âme droite et honnête d'Abdul-Aziz avait eu confiance dans ses protestations de dévouement. Lors de l'insurrection crétoise, Ismaïl-Pacha envoya des troupes dans l'île pour concourir, avec les troupes ottomanes, à la répression de la révolte. Il espérait secrètement qu'on lui laisserait, au moins provisoirement, le gouvernement de la Crète soumise. Mais dès qu'il s'aperçut qu'on ne songeait à rien de semblable dans les conseils du divan, il rappela brusquement de l'île les régiments égyptiens qu'il y avait envoyés. — Un pareil acte n'était pas sans signification après de si vives démonstrations de zèle, et ne manqua pas de faire faire des réflexions à Constantinople.

Quelque temps avant l'expédition de Crète, le khédive avait accepté que le tribut annuel qu'il payait au sultan serait porté de 80,000 bourses, chiffre primitif, à la somme de 150,000 bourses, soit 750,000 livres turques. Il avait ses raisons pour se rendre ainsi agréable dans un moment où le Trésor ottoman se trouvait obéré.

En effet, des dissentiments existaient entre lui et plusieurs membres de sa famille, et particulièrement avec son frère Mustapha-Fazil-Pacha, qui croyaient avoir à se plaindre des rapports d'Ismaïl-Pacha avec eux. Vers 1865, ces dissentiments devinrent plus vifs. Ismaïl chercha alors à présenter le prince son frère et ses autres parents comme tout à fait hostiles au Sultan; il demanda à la Porte de modifier l'ordre de succession établi par le firman de 1841, qui était le même que pour le trône du Padischah, et d'y substituer l'hérédité de père en fils, par ordre de promogéniture, tel qu'il existe dans les États européens. L'iradé impérial du 27 mai 1866 lui concéda cette faveur, dont le résultat immédiat était de priver de ses droits éventuels à l'administration de l'Égypte son frère Mustapha-Fazil-Pacha. Il en résultait aussi qu'un mineur pourrait devenir gouverneur effectif de la province d'Égypte, ce qui flattait le désir d'Ismaïl-Pacha d'assimiler sa situation à celle d'un souverain héréditaire.

Le firman obtenu, le khédive s'arrangea de façon à obliger son frère de quitter l'Égypte et de lui vendre tous ses biens. Son oncle, Halim-Pacha, mécontent de son côté, suivit à Constantinople Mustapha-Fazil-Pacha, qui s'y était retiré après la cession forcée de ses biens et son expulsion de l'Égypte, L'impression que les deux princes expulsés apportaient avec eux à Constantinople ne pouvait être favorable au crédit du khédive près de la Porte. Mais Ismaïl-Pacha se croyait déjà assez puissant pour afficher aux yeux de tous la suprématie de sa volonté, en même temps qu'il donnait satisfaction à ses rancunes contre sa famille.

Son prédécesseur, Abbas-Pacha, avait obtenu de la Porte que le chiffre de son armée fût porté de dix-huit mille à trente mille hommes. L'envoi d'un contingent égyptien en Crète avait justifié les raisons de cette augmentation. Mais, encouragé par son succès dans la question de l'hérédité et dans ses dissentiments avec sa famille, Ismaïl-Pacha, croyant l'heure venue d'oser davantage, ne se contenta pas d'une armée de trente mille hommes. Il fit faire de divers côtés, en Égypte et ailleurs, des enrôlements considérables et clandestins, pendant qu'il ordonnait l'achat, en Europe et en Amérique, de deux cent mille fusils perfectionnés.

D'autre part, il augmentait sensiblement sa marine et, contrairement aux prescriptions textuelles du firman de 1841, il commandait en France et à Trieste la construction de plusieurs navires cuirassés. Avec l'ensemble de ces forces il se persuadait que bientôt il serait en état de proclamer, au moment voulu, son indépendance, et, si la Porte venait enfin à concevoir des soupçons et à ouvrir les yeux, de résister efficacement à une attaque des troupes de terre et de mer du Sultan. Que l'empire ottoman se trouvât obligé, à la même heure, de faire face à d'autres ennemis, et Ismaïl-Pacha eût aussitôt démasqué ses intentions, et n'eût pas hésité à recommencer la tentative de Méhémet-Ali.

Il n'était donc déjà plus possible de douter que ces armements si dispendieux fussent destinés, non à la défense de l'Égypte, qui n'était menacée par aucune puissance, mais à la satisfaction d'une ambition secrète.

Tout en continuant ses armements avec certaines précautions, pour ne pas trop éveiller les soupçons de la Porte, occupée par l'insurrection crétoise et par d'autres difficultés, Ismaïl-Pacha avait obtenu encore, le 5 juin 1867, sous divers prétextes, un firman qui lui conférait le titre de khédive et de nouveaux droits ou priviléges relatifs à l'administration intérieure de l'Égypte, c'est-à-dire à tout ce qui concerne « les intérêts financiers et d'autres intérêts locaux, » pour lesquels il recevait la faculté d'introduire des règlements nouveaux.

Par lui-même, le titre de khédive, qui veut dire simplement seigneur, ne comportait aucune extension de droits ni d'attributions; mais, peu connu en Europe, il était de nature à faire illusion en paraissant signifier davantage; et les défenseurs des prétentions d'Ismaïl-Pacha cherchaient à rapprocher la signification de ce titre de celle de prince souverain.

Quant aux passages du firman relatifs à l'administration, ils ne concernaient, comme nous l'avons déjà dit, que les conventions pour la douane, pour la police des sujets européens, le transit et la poste, avec la clause expresse « que ces conventions n'auraient pas la forme ni le caractère des traités internationaux ou de conventions politiques. » Mais Ismaïl-Pacha et ses conseillers espéraient bien, dans l'application, en faire sortir quelque chose d'analogue, ne fussent que des relations directes, plus ou moins actives et étendues, avec les puissances étrangères. Ce n'était certainement pas l'autonomie, mais c'était une extension réelle d'attributions. Un prince honnête et scrupuleux s'en serait servi pour améliorer la condition matérielle et morale de son peuple; une ambition cauteleuse et obstinée allait l'employer pour tenter subrepticement un essor plus vaste.

Quelques mois s'étaient à peine écoulés depuis l'époque où Ismaïl-Pacha avait obtenu du Sultan un bienfait personnel de la plus haute importance pour lui, à savoir le changement de l'ordre de succession en faveur de sa descendance directe, que, profitant des embarras suscités au gouvernement ottoman par l'insurrection crétoise, le khédive envoyait à Constantinople son représentant Nubar-Pacha, pour mettre en avant une demande se composant des cinq points suivants :

1° La faculté de battre monnaie en son nom (la monnaie égyptienne est frappée au nom du Sultan);

2° Celle de créer une décoration;

3° Le droit de conclure des traités politiques et commerciaux avec les puissances étrangères;

4° Le pouvoir d'accréditer des représentants diplomatiques auprès des cours européennes;

5° Le titre d'*Azizi-missir*, qui est, dit-on, l'équivalent de celui des anciens Pharaons.

Cette demande, se produisant au milieu des faits que nous venons de relever, ne pouvait laisser le moindre doute sur la nature et la portée des sentiments d'ambition que nourrissait Ismaïl-Pacha. Ses tentatives répétées pour nouer des rapports diplomatiques directs avec les puissances, et les sacrifices qu'il se montrait prêt à accomplir pour arriver à ce résultat, n'étaient pas faits, on en conviendra, pour attester la sincérité de son respect pour les droits souverains du Sultan. Si, à ce moment, il ne s'ouvrit pas sur les motifs de son dernier voyage en Europe, et s'il se borna à des assurance officielles de sa loyauté, cette réserve tenait à ce qu'il avait trouvé chez les grandes puissances, à l'égard de ses vues politiques, des dispositions fort différentes de celles qu'il s'était flatté d'y rencontrer.

Malgré ces symptômes, plus que transparents, le gouvernement ottoman espérait ramener le khédive dans la limite de ses devoirs par des témoignages constants de sa bienveillance. Mais le désir de la Porte d'éviter les difficultés n'aboutit qu'à encourager de plus en plus Ismaïl-Pacha dans ses idées d'indépendance, auxquelles il sacrifiait toutes les richesses de cette malheureuse province d'Égypte, qui est non-seulement une partie intégrante, mais une partie vitale de l'empire ottoman.

Ce n'est pas qu'on ne fût suffisamment édifié à Constantinople sur les idées du khédive. Mais le divan trouvait dangereux d'ouvrir une nouvelle question égyptienne que viendraient probablement compliquer des soulèvements dans d'autres parties de l'empire où il y a sans cesse des agents empressés à souffler le feu de la discorde et des insurrections. On croyait, non sans raison, qu'il était plus sage de temporiser et de ne pas exposer la paix générale aux dangers que pourrait lui faire courir une agression contre le khédive. Le succès même que la Porte avait obtenu dans la question grecque lui donnait le droit de se montrer plus confiante dans sa propre force, et plus facile vis-à-vis des tentatives du khédive. En même temps, il était évident que les puissances, tout en désirant ne pas s'immiscer dans les rapports du Sultan avec le gouverneur de l'Égypte, attachaient de l'importance à ce que la paix ne fût pas troublée; et, par conséquent, la longanimité dont le Sultan faisait preuve ne pouvait que lui concilier la sympathie des autres souverains.

Mais la passion emportait Ismaïl-Pacha. Il ne voulut ou ne sut rien comprendre à l'attitude toujours bienveillante et digne de la Porte, et il poursuivit son dessein avec plus de résolution que jamais.

Se voyant ou se croyant suffisamment rapproché du but qu'il avait en vue depuis le jour où il avait été investi des fonctions de gouverneur de l'Égypte, et en possession de moyens efficaces pour réaliser ses vues ; fort de ses richesses, par lesquelles il s'était acquis en Europe des appuis nombreux et puissants, Ismaïl-Pacha voulut, avant de proclamer sa souveraineté, la pratiquer. En conséquence, il entreprit, dans le cours de l'année dernière, ce voyage princier dont il attendait la confirmation de ses secrètes ambitions, et qui a été, au contraire, par la manière étrange dont le khédive a essayé de l'accomplir et par les prétentions plus ou moins significatives qu'il révéla, le motif et l'occasion des plaintes de la Porte, d'où est sorti le récent conflit.

Ismaïl-Pacha donna pour prétexte de la visite qu'il fit successivement aux différents souverains de l'Europe, le désir de les inviter personnellement aux solennités de l'inauguration du canal maritime de Suez. Il évita avec intention de faire une visite préliminaire à son propre souverain, au Sultan, dont il avait reçu tant de gracieuses faveurs. Ne lui eût-il été pourtant redevable que du firman de 1867, que son premier devoir semblait être d'aller à Constantinople, informer son souverain de l'époque où aurait lieu cette inauguration, et le remercier des firmans en vertu desquels le grand travail du percement de l'isthme avait été autorisé.

Mais Ismaïl-Pacha, qui avait hâte d'agir en prince indépendant et de le faire voir, se garda de cette visite de déférence; il espérait faire oublier ainsi sa situation dépendante vis-à-vis de la Porte; et il partit d'Egypte comme un souverain qui va visiter les autres souverains ses frères.

Pour bien marquer, dès le premier jour, le caractère de cette royale tournée, le khédive débuta par une visite au roi de Grèce. C'était presque au lendemain du jour où le gouvernement d'Athènes, après de vaines et bruyantes tentatives pour soutenir et faire durer l'insurrection crétoise, s'était vu contraint à l'abandon de ses projets et à une abstention absolue devant les déclarations de la conférence de Paris. L'empressement du khédive, dans ces circonstances, était fait pour déplaire à Constantinople et servir d'avertissement à la Porte sur le degré de reconnaissance qu'elle pouvait désormais attendre du gouverneur de l'Égypte, devenu plus entreprenant à mesure que le Sultan lui témoignait plus de bonté.

Le but annoncé de ce voyage, outre l'invitation aux fêtes de l'inauguralion, était, disaient les confidents, de demander directement aux puissances l'abolition des capitulations, comme si pareille démarche (dont nous n'examinons pas ici la justesse ou l'opportunité) ne devait pas être du ressort exclusif de la diplomatie. Or le khédive, aux termes du firman de 1841, n'a pas qualité pour conclure des traités politiques avec les puissances, la Porte s'étant réservé exclusivement le droit de négocier et de conclure des traités.

Prétendre, comme le faisaient quelques amis d'Ismaïl-Pacha, qu'il ne s'agissait dans l'espèce que d'une réforme judiciaire, n'intéressant que l'administration intérieure de l'Egypte, c'était se contredire. Car, s'il ne s'agissait que d'une réforme de procédure et de tribunaux, pourquoi s'adresser aux cours étrangères? Et si le consentement de celles-ci était nécessaire, le gouverneur de l'Egypte n'avait pas qualité pour le demander; l'intervention officielle de la Porte était absolument obligatoire, En vain les feuilles dévouées au khédive firent étalage de la mission de Nubar en Europe; on eut beau vanter la faveur qu'il y obtenait et les avantages que le commerce retirerait de l'abolition des capitulations, la question ne pouvait être du ressort de l'envoyé égyptien que comme soumise à un examen préliminaire. Après des essais de négociations directes, on s'est borné à la renvoyer à une commission internationale réunie en Egypte. De plus, le *Livre jaune* (p. 135) contient une dépêche du prince de la Tour d'Auvergne à l'ambassadeur de France à Londres, datée du 17 août 1869, dans laquelle le droit souverain de la Porte est explicitement réservé, et où il est dit textuellement que « la commission « est uniquement chargée d'étudier sur place la valeur « des propositions faites par le vice-roi pour la réforme « des institutions judiciaires; qu'il s'agit simplement « d'une enquête *n'engageant en rien la liberté d'action* « *des cabinets;* que, par conséquent, les délégués n'ont « pas mission d'élaborer un argument définitif en de-

« hors de la Turquie; et qu'enfin l'intention des puis-
« sances ne saurait être de porter la moindre atteinte
« aux intérêts et aux droits du Sultan dans cette ques-
« tion. » Au lieu d'un succès pour ses prétentions, on voit que le khédive ne récoltait ici qu'une déclaration des puissances en faveur des droits souverains du Sultan.

En outre de l'abolition des capitulations, le khédive voulait demander aux puissances étrangères la neutralisation du canal maritime de Suez. Cette proposition, d'apparence si pacifique, n'avait qu'un but : créer, du côté de la frontière de terre, la plus difficile à défendre, un obstacle moral infranchissable aux armées du Sultan qui déboucheraient du côté de la Syrie. La neutralisation du canal aurait obligé la Porte, en cas de rébellion du khédive, de porter tous les moyens d'attaque du côté de la mer, sur un ou deux points faciles à fortifier, et nécessité un armement maritime considérable et fort coûteux.

Est-il besoin de dire que cette proposition, directetement blessante pour les droits souverains du Sultan, fut, par ce motif, écartée sans examen ultérieur?

Cependant la Porte, mise en éveil par la visite du khédive au roi de Grèce à Corfou, envoyait des instructions à ses ambassadeurs auprès de chaque puissance. Ceux-ci recevaient l'ordre de représenter le Sultan, souverain de l'Égypte, lors de la visite officielle de présentation que le vice-roi ferait à chaque souverain. Et ce fut ainsi qu'à Florence, à Vienne, à Berlin, à Paris, à Londres et partout, Ismaïl-Pacha, *volens aut nolens*, eut à ses côtés l'ambassadeur ottoman pendant les audiences d'apparat qui lui furent accordées à son arrivée dans chaque capitale de l'Europe.

Mais cette démonstration anodine, platoniquement préservatrice des droits du Sultan, devait et allait être suivie d'un acte plus positif. L'irritation était d'autant plus grande à Constantinople que le khédive avait fait la sourde oreille aux demandes d'explications qui lui avaient été adressées officieusement. La Porte comprenait qu'il était indispensable de mettre fin aux bravades du trop présomptueux gouverneur de la province d'Egypte. En conséquence le grand vézir, A'Ali-Pacha, adressa au khédive, par ordre du Sultan, une lettre pour lui demander une explication de son fastueux voyage à travers toutes les cours européennes, et lui rappeler les obligations résultant des firmans et sa position vis-à-vis du Sultan.

Quoique cette lettre ait été publiée par les journaux et les correspondances, comme elle est le point de départ du conflit et qu'elle pose bien la question, nous la reproduisons ici à titre de document essentiel à connaître.

*Lettre du grand vézir au khédive d'Égypte.*

« Votre Altesse connaît déjà toutes les rumeurs et les appréciations diverses auxquelles le but principal et l'objet essentiel de son voyage en Europe n'avaient pas manqué de donner lieu, soit dans la presse, soit au sein des cabinets.

« Au moment même où ces bruits venaient à circuler partout, une explication franche et loyale nous a paru le seul moyen propre à écarter tous les doutes et toutes les difficultés que ces rumeurs pouvaient faire naître ; je viens donc, par ordre de notre auguste maître, et profitant du récent retour de Votre Altesse en Égypte, l'entretenir de ce qui suit :

« La haute confiance et la bienveillance de S. M. I. le Sultan à l'égard de Votre Altesse ont été constatées par trop de preuves ostensibles et matérielles pour que nous ayons besoin d'y revenir et de nous y étendre.

« A une époque où il se trouvait au milieu de complications politiques de la plus haute gravité, le gouvernement impérial ne s'était point refusé, tout en les modifiant, à donner suite aux diverses demandes que Votre Altesse avait formulées, et qui ne paraissaient point, aux yeux du monde, conformes aux sentiments de loyauté que notre auguste maître était en droit d'attendre d'elle.

« Cette circonstance et la conduite étrange des troupes égyptiennes à leur arrivée et au commencement de leur séjour en Crète, à l'époque de la dernière insurrection de cette île, la précipitation avec laquelle on a procédé à leur départ, et d'autres incidents semblables, avaient été presque oubliés par S. M. I. le Sultan, et cela dans le seul but de donner à Votre Altesse une nouvelle preuve de la haute bienveillance dont elle ne cessait d'être animée envers elle.

« Ainsi la conscience de Votre Altesse ne saurait ne pas convenir que non-seulement Sa Majesté Impériale ne voulait modifier en rien la position de Votre Altesse dans les limites désignées, mais aussi qu'elle n'a épargné aucune aide et aucune facilité à cet égard.

« La grande contrée de l'Égypte, qui était placée sous l'administration de Votre Altesse, étant une des parties les plus importantes des possessions territoriales de S. M. I. le Sultan, le bien-être et la prospérité de ses habitants sont naturellement l'objet de sa plus vive sollicitude.

« En conséquence, et en vertu de son droit de souverain du

pays, notre auguste maître aurait dû exercer une surveillance sur des dépenses qui pèsent si lourdement sur le présent comme sur l'avenir de l'Égypte. Si cette surveillance n'a pas été exercée ; si les autres droits et devoirs déterminés par les firmans impériaux qui ont confié à la famille de Votre Altesse l'administration héréditaire de l'Égypte n'ont pas été invoqués, c'est non pas parce que Sa Majesté a entendu renoncer à aucun de ses droits et devoirs, mais c'est uniquement parce que Sa Majesté était convaincue que Votre Altesse, dans sa haute sagesse, n'abuserait pas de ce laisser-aller, et qu'appréciant les bienfaits dont elle était l'objet, elle ne s'écarterait jamais du chemin de la fidélité et du dévouement.

« C'est au moment où cette conviction existait dans toute sa force, et où la bienveillance de S. M. I. le Sultan à l'égard de Votre Altesse continuait et augmentait de jour en jour, que le projet de voyage de Votre Altesse me fut annoncé.

« Quoique Votre Altesse ait bien voulu nous donner avis de son départ, elle n'a pas cru pourtant devoir nous édifier sur le plus ou moins de valeur des motifs que la voix publique assignait à ce voyage, ni nous donner une réponse quelconque aux demandes d'explications qui lui furent adressées officieusement.

« Tout étonnés que nous fussions de ce silence, nous crûmes devoir attendre le moment de nous éclairer par les faits.

« C'est dans cet intervalle que nous avons été informés de la visite que Votre Altesse est venue faire directement d'Alexandrie à Corfou à S. M. le roi des Hellènes, et de l'invitation qu'elle a adressée à ce souverain d'assister à l'ouverture du canal de Suez. La nouvelle de la même invitation faite aux autres souverains que vous visitiez a suivi de près cette première information.

« Il est inutile de dire que notre auguste maître ressentirait un grand plaisir de voir les souverains de l'Europe, si cela leur plaisait, assister à l'inauguration d'une grande œuvre qui s'accomplit dans une des parties de son territoire, et honorer de leur bienveillance un des principaux membres de son gouvernement, placé à la tête de l'administration égyptienne.

« Seulement Votre Altesse est trop éclairée pour qu'on ait besoin de lui rappeler que l'invitation d'un souverain indépendant à un pays étranger doit se faire par le souverain indépendant de ce pays. Le contraire touche aussi bien à la dignité de l'invité qu'aux droits du souverain territorial.

« Donc, la forme adoptée dans cette affaire par Votre Altesse se trouve, sous tous les points, contraire et au respect dû aux droits sacrés de notre souverain, et aux égards nécessaires dus aux augustes princes qu'elle s'est proposé d'inviter.

« D'un autre côté, il était du devoir des représentants de la Sublime Porte à l'étranger de se mettre à la disposition de Votre Altesse comme à celle de l'un des plus grands dignitaires de notre empire. C'était par leur entremise que les relations officielles de Votre Altesse devaient avoir lieu. Il semblerait cependant que leur empressement à remplir ce devoir, loin d'avoir été agréable à Votre Altesse, n'a eu d'autre effet que celui de lui déplaire, et c'est avec peine que nous avons eu à constater toute la réserve qu'elle a cru devoir mettre dans ses rapports avec eux.

« Votre Altesse sait mieux que personne, et il est d'ailleurs expressément stipulé dans les firmans impériaux que, sauf quelques priviléges établis en sa faveur, l'Égypte ne diffère en rien des autres provinces, et que son administration ne peut entretenir des relations officielles directes avec les puissances étrangères.

« Les traités qui existent entre la Sublime Porte et les autres États, aussi bien que les lois fondamentales de l'empire, doivent y avoir la même force et la même vigueur.

« Malgré ces principes fondamentaux, les voyages continuels en Europe du personnage qui prend le nom et le titre de ministre des affaires étrangères de l'Égypte, dans le but de faire des efforts pour obtenir, en faveur de celle-ci, le changement desdits traités et de nouer avec les puissances des négociations directes à cet effet ; le grand soin qu'il met à cacher à nos représentants, plus qu'à qui que ce soit, l'objet de sa mission, son abstention de tout contact avec eux, constituent autant de faits aussi attentatoires aux droits de la Sublime-Porte que contraires à vos obligations, et qu'on ne saurait point tolérer plus longtemps, car il est devenu évident, aux yeux de notre auguste maître, que si les puissances chez lesquelles le respect des droits et des traités est un principe immuable ; si, dis-je, les puissances avaient montré la moindre disposition favorable, l'abolition de nos traités, leur remplacement par d'autres, la suppression, en un mot, des contenus des firmans qui y servent de base à l'existence et à la durée de l'administration actuelle de l'Égypte, étaient le but auquel on voulait atteindre.

« A l'intérieur aussi, les dépenses incalculables et écrasantes occasionnées par les commandes de vaisseaux cuirassés, armes à feu et autres, soumettent les habitants de cette partie de l'empire à des charges bien au-dessus de leurs moyens, et les mécontentent contre l'aministration.

« Ainsi qu'il a été dit plus haut, et nous ne saurions trop le répéter, S. M. le Sultan, notre auguste souverain, animé de la plus vive sollicitude pour le bien-être et la prospérité de l'Égypte, et désireux de voir cette province jouir de ses priviléges dans leurs limites légitimes, ne saurait jamais consentir à voir s'affaiblir les liens qui l'attachent à son empire.

« Placée comme elle l'est sous le principe de la sauvegarde de l'intégrité de l'empire, il est impossible de se rendre compte des raisons qui peuvent mettre l'administration de ce pays dans l'obligation de dilapider le trésor public pour l'achat de navires cuirassés et d'armes de toute espèce.

« Comme le peuple ne peut, sous aucun rapport, supporter longtemps la charge de pareilles dépenses, aussi grandes qu'infructueuses, S. M. I. le Sultan, qui est le souverain légitime du pays et le protecteur naturel de ses sujets, ne saurait le permettre.

« C'est une vérité reconnue partout que, le luxe n'étant point la cause, mais l'effet de la civilisation, le véritable progrès consiste dans l'accomplissement des réformes qui produisent cette civilisation. L'esprit juste et éclairé de Votre Altesse rend donc superflu pour nous le soin de lui démontrer les conséquences désastreuses auxquelles on s'expose lorsque, négligeant les bases fondamentales, on commence par des objets qui n'en doivent être que les effets.

« Le but de ces explications franches et loyales est d'appeler la sérieuse attention de Votre Altesse sur des faits dont la continuation ainsi que la persistance dans la voie suivie ne peuvent se concilier ni avec les intérêts bien entendus de la province impériale dont la bonne administration lui est confiée, ni avec le maintien des droits reconnus de Sa Majesté Impériale, qu'il importe, avant tout, de préserver de toute atteinte.

« Nous ne doutons point que Votre Altesse, dans sa haute sagesse, prenant en considération les observations qui précèdent, ne veuille bien se désister de tout ce qui dépasse les limites de ses priviléges et de ses obligations, et que, par reconnaissance pour les grands bienfaits dont elle a été l'objet de la part de notre auguste maître, elle ne consacre désormais tous ses efforts à l'accroissement de la prospérité de l'Égypte et à la garantie de la vie et de la prospérité de ses habitants.

« A mesure que Votre Altesse se renfermera dans les limites des conditions mises à ses priviléges, la bienveillance dont notre auguste maître ne cesse d'être animé envers elle ne cessera pas de s'accroître et de redoubler. Ces conditions étant longuement énumérées dans les firmans susmentionnés, il est superflu de les récapituler ici.

« Comme il serait impossible au gouvernement impérial de se désister d'une seule des dispositions contenues dans ces firmans, il se verra, quoique à regret, obligé de recourir à leurs dispositions toutes les fois qu'il s'agira de prendre des mesures pour les rétablir dans leurs limites, pour réprimer les actes contraires qui pourront se produire, et pour sauvegarder les droits et les traditions.

« En conséquence et d'ordre de S. M. I. le Sultan, notre auguste maître, je viens communiquer à Votre Altesse, sans le moindre détour et avec toute franchise, l'état réel des choses, et j'attends une réponse nette et catégorique, offrant pour l'avenir toutes les garanties nécessaires, et qui ne puissent pas rester à l'état de lettre morte.

« *Signé* : A'Ali. »

A une demande d'explications, aussi nette dans le fond qu'elle était courtoise dans la forme, il était impossible de ne pas répondre. Le khédive s'y résolut après quelques hésitations. Voici sa réponse :

*Réponse du khédive d'Egypte au grand vézir.*

(Du 16 août 1869).

« J'ai eu l'honneur de recevoir la lettre que Votre Altesse, sur l'ordre de Sa Majesté Impériale, a bien voulu m'adresser, et par laquelle elle demande des explications sur les interprétations données à mon dernier voyage en Europe, et sur les bruits répandus à cette occasion.

« Je m'empresse de faire connaître le véritable état des choses.

« Depuis le jour où l'administration de cette grande contrée m'a été confiée par Sa Majesté Impériale, Dieu me garde d'avoir pris une décision qui fût en dehors des limites des droits et des devoirs prescrites par les firmans impériaux. La pensée même ne m'en est pas venue. Tout au contraire, appréciant les bienfaits successifs de Sa Majesté et la haute bienveillance qu'elle m'a sans cesse témoignée, j'ai conformé tous mes actes à sa volonté et à ses ordres.

« Lorsque Sa Majesté saura que tous mes efforts tendent à mériter sa haute satisfaction, elle me conservera, j'en ai le ferme espoir, sa confiance et sa bienveillance.

« En ce qui concerne les troupes expédiées jadis en Candie, c'est sur ma demande, et pour avoir l'honneur de servir Sa Majesté et de lui prouver ma fidélité et mon dévouement, que leur organisation et leur envoi ont eu lieu, conformément aux ordres qu'elle a donnés.

« Les dépenses de l'expédition de Candie et de l'expédition de Hedjaz, qui eut lieu à la même époque, n'ont point été payées par le trésor impérial, comme il avait été fait pour l'expédition de Crimée; mais elles ont été réglées par l'Égypte, qui a tenu à honneur de les supporter exclusivement.

« Cependant ces dépenses ayant atteint, par suite du séjour prolongé du corps expéditionnaire, le chiffre d'environ deux cent mille bourses, dans le seul but de se rendre compte des sommes qu'exigerait dans l'avenir l'entretien de ces troupes, et contraint d'établir l'équilibre de ce budget, on s'est trouvé dans la nécessité de fixer un terme à la durée de leur séjour.

« J'ai soumis la question au conseil lors de mon voyage à Constantinople, et une décision ministérielle fixa la date de leur retour, qui n'eut lieu cependant que quinze jours après l'expiration du délai indiqué.

« Depuis leur arrivée dans l'île jusqu'à leur départ, ces troupes se sont, avec leurs compagnons d'armes, portées partout où elles ont été envoyées, déployant un vrai courage et montrant une vraie soumission; elles ont contribué à sauvegarder l'honneur des armes impériales, et bien des officiers, bien des soldats ont été blessés ou tués, heureux de se dévouer au souverain.

« Cela étant ainsi, je ne crois pas avoir commis un acte ou tenu une conduite contraire à la volonté impériale, soit dans l'envoi, soit dans le retrait des troupes. Je ne crois pas non plus qu'on ait vu ou entendu une attitude singulière de la part de ces troupes, soit officiers, soit soldats, durant l'expédition.

« Quant aux priviléges accordés il y a deux ans, je ne les ai sollicités qu'en vue des intérêts généraux du pays impérial, et comptant sur la confiance de Sa Majesté à mon égard.

« Dans mon voyage en Europe, j'ai accepté, avec reconnaissance, la gracieuse invitation que quelques souverains m'ont fait l'honneur de m'adrsser d'aller leur rendre visite, et m'étant rencontré avec eux, si j'ai invité ces souverains ou quelques membres de leurs augustes familles à assister à l'inauguration du canal, c'est uniquement en vertu de la haute situation que j'occupe sous les auspices de Sa Majesté. Si ces souverains, par l'accueil qu'ils m'ont fait, m'ont donné des preuves d'estime et de considération, je le dois à l'honneur que j'ai de dépendre de Sa Majesté, et c'est un des effets glorieux de la bienveillance dont elle daigne me combler. J'ajoute qu'il est de notoriété publique qu'en cette circonstance aucune conduite n'a été tenue qui fût de nature à porter atteinte aux droits sacrés du souverain, droits que je mets au-dessus de tout et dont je sais apprécier la valeur et l'importance.

« Votre Altesse mentionne le déplaisir que j'aurais éprouvé à voir les ambassadeurs de la Sublime Porte accomplir leur devoir, et elle avance que je les ai évités, voulant leur rester étranger; cependant je n'ai, dans tous les rapports que j'ai eus avec eux, manqué en aucune façon aux égards dus à leur rang et à leur position.

« Au vu et au su de tous, j'ai rendu visite à chacun d'eux; j'ai même invité LL. EExc. Djémil-Pacha et Daoud-Pacha à un dîner de famille que mon fils m'a donné chez lui, lors de mon séjour à Paris; ce qui prouve que, loin de les tenir à distance, j'ai été bien aise de me trouver avec eux.

« Je ne doute donc pas que Votre Altesse ne convienne que les accusations portées à cet égard sont également de la pure calomnie.

« Quant à la mission de Nubar-Pacha en Europe, Votre Altesse n'ignore pas qu'il n'y a pas là de démarche nouvelle, mais que cette mission est déjà reconnue et *date* de deux ou trois ans; de plus, pendant chacun de mes séjours à Constantinople j'ai parlé à *mainte* reprise de cette question, et même j'ai obtenu du ministère des affaires étrangères des lettres de recommandation pour les ambassadeurs de la Sublime Porte à Paris et à Londres : j'en ai même adressé de vive voix mes sincères remercîments. Ainsi la mission de Nubar-Pacha n'a été cachée ni au gouvernement impérial ni à ses représentants près les cours étrangères.

« En effet, les progrès, tous les jours plus sensibles, du commerce et de l'agriculture, et les efforts incessants qui sont faits pour les développer, sous les auspices de Sa Majesté, attirent en Égypte de nombreux étrangers, qui sont appelés ainsi à augmenter leurs rapports avec les indigènes, et à nouer partout de nouvelles relations.

« Cet état de choses occasionne naturellement un grand nombre de contestations et de litiges; aussi a-t-il été jugé nécessaire d'établir une règle fixe qui pût servir à sauvegarder les droits des parties et à faire naître la confiance entre elles.

« La mission de Nubar-Pacha a pour but de modifier le système de juridiction en ce qui touche les différends commerciaux ou autres entre indigènes et étrangers.

« L'adhésion des puissances à la réunion d'une commission chargée d'examiner cette question, et au sein de laquelle elles consentent à envoyer des délégués spéciaux, prouve que, vu le développement du commerce et de l'agriculture, cette réforme est comprise dans les limites des priviléges accordés à l'Égypte par la gracieuseté souveraine. Cette démarche est donc faite, sans contredit, pour arriver au moyen d'accroître la prospérité et le bien-être du pays, sous les auspices de Sa Majesté et conformément à ses intentions généreuses.

« Votre Altesse m'a fait l'honneur de me dire, en outre, que les énormes dépenses qui ont été faites pour l'achat d'armes et de vaisseaux de guerre, et que d'autres dépenses écrasantes faisaient peser sur les habitants du pays de lourdes charges qui les indisposaient contre l'administration; que le luxe apparent n'étant pas la cause mais seulement l'effet de la civilisation, négliger la cause, qui consiste dans les amélorations réelles, et commencer par l'effet pourrait avoir les conséquences les plus dangereuses. En signalant ce qui précède, Votre Altesse m'invite à m'en tenir aux firmans impériaux et à faire mes efforts pour arriver à produire le bien-être du pays, à procurer la sécurité aux individus et à garantir la propriété.

« Une comparaison équitable de l'état actuel de prospérité auquel le pays est arrivé sous les auspices de Sa Majesté, avec l'état déplorable dans lequel il se trouvait à l'époque où les rênes de l'administration m'ont été confiées, démontrera que, ne méconnaissant pas les droits augustes de Sa Majesté et appréciant sa haute bienveillance, je me suis consacré tout entier à l'accomplissement du bonheur et du bien être du pays et à la consolidation du principe sacré de sécurité des personnes et des propriétés.

« La bonne organisation et la régularité de l'administration égyptienne, qui a établi et fortifié dans ce pays les règles fondamentales de tous ces principes, sa persévérance à suivre la voie du progrès, étaient, à la vérité, suffisantes pour assurer et sauvegarder les droits légitimes de tous; néanmoins, depuis trois ans a été instituée une assemblée de délégués élus par les habitants et appelés à se réunir annuellement pendant deux mois.

« Leur mission est de rechercher les intérêts du pays, de délibérer sur les besoins généraux, de contrôler les revenus et les dépenses du gouvernement, et enfin de surveiller la gestion de l'administration.

« Cette assemblée a le droit d'apprécier et de fixer le budget de chaque année, et, selon les circonstances, l'augmentation ou la diminution de l'impôt sont soumises à ses observations. Il est évident que, sous les auspices de Sa Majesté, et à la grande satisfaction des habitants, cette institution leur assure toutes les garanties désirables.

« Comme le progrès des sciences et la propagation des lumières sont la base de la civilisation, les écoles, qui avaient été, pour ainsi dire, supprimées autrefois, ont été de nouveau rétablies, sous les auspices de Sa Majesté; de nouvelles institutions ont été fondées, de telle sorte qu'aujourd'hui ces établissements, aussi nombreux que divers, sont complétement organisés.

« En outre, des élèves en grand nombre sont envoyés dans toutes les parties de l'Europe pour se perfectionner dans les sciences et les lettres, les arts et l'industrie, dont les premiers fruits ont été éveillés dans le pays. Ces faits dénotent l'importance qu'on attache à l'instruction, base principale de tout progrès.

« En ce qui concerne l'agriculture, lorsqu'on s'est aperçu, en premier lieu, de l'aspect effrayant sous lequel se présentait l'épizootie et ensuite l'inondation extraordinaire du Nil, qui menaçait d'une destruction complète les récoltes et la fortune des cultivateurs, on a prodigué des secours de toute nature, et les mesures les plus énergiques ont été prises. Grâce aux sacrifices immenses et de tout genre qu'on s'est imposés et aux sommes considérables dépensées, la prospérité générale et la fortune publique ont été reconstituées sous les auspices de Sa Majesté. Malgré ces désastres successifs, l'agriculture s'est tellement développée à la suite des travaux effectués et des mesures prises, à l'époque des malheurs, pour l'irrigation des terrains et pour la facilité des transports, que trois cent vingt mille feddans de terre en friches ont été améliorés et rendus à la production.

« La fondation d'un grand nombre d'importants établissements financiers, l'augmentation considérable du chiffre des étrangers qui viennent se fixer dans toutes les parties du pays, et même jusque dans le Soudan, en vue de s'y livrer, en toute sûreté, à des transactions, le mouvement constamment progressif des ports d'Alexandrie, de Suez et de Port-Saïd, le développement des relations d'affaires en Égypte avec toutes les parties du monde, sont la meilleure preuve des progrès incessants de l'agriculture et du commerce.

« Quant aux dépenses, elles ne se font qu'avec l'approbation de l'assemblée des délégués, ainsi qu'il a été dit plus haut. Et si l'on considère que, malgré les dettes laissées par feu Saïd-Pacha, les différentes questions et les difficultés qui ont motivé le payement par le trésor de fortes indemnités, la construction de nouveaux chemins de fer sur un parcours de sept cents milles, entreprise en vue de l'accroissement de la prospérité générale ; la prolongation des lignes télégraphiques jusqu'au Souakin et à Massouva et jusqu'au Soudan, ainsi que leur établissement sur d'autres points du pays ; les travaux du bassin et du port de Suez, et d'autres du même genre qui ont été accomplis dans l'intérêt général ; et enfin les sommes considérables avancées pour venir en aide à la population, et celles dépensées pour le canal de Suez ;

« Si l'on considère, dis-je, que tout le monde reçoit régulièrement ce qui lui est dû, que les retraites et les appointements des employés sont payés exactement chaque mois ; si l'on envisage la somme à laquelle se trouve réduite la dette, on comprend aisément que les finances sont dirigées avec cœur, sans dissipation, sans *grever* la population de lourdes charges, et par conséquent sans l'indisposer contre l'administration.

« En ce qui concerne l'achat d'armes et de vaisseaux de guerre, j'ai l'honneur de signaler à Votre Altesse qu'il s'agit simplement de remplacer de vieilles armes par des armes de nouveau modèle, et d'anciens vaisseaux devenus inutiles. A cet effet des commissions composées d'officiers de mérite ont été formées soit ici, soit en Europe, depuis deux ou trois ans, pour le choix et l'essai de nouvelles armes.

« A la suite des expériences qui ont eu lieu, une arme d'invention récente a été adoptée ; sur un rapport et une proposition tendant à faire une commande égale à la moitié des armes anciennes qui se trouvent en Égyte, autorisation a été donnée de faire cette commande. Les vaisseaux, d'autre part, qui ont été commandés depuis deux ans, ne sont pas encore achevés.

« Les dépenses nécessitées par ce genre de commandes ont été approuvées au budget qu'on a l'habitude de présenter dans le courant de l'année à l'assemblée des délégués, et chaque somme a été portée sur un chapitre spécial.

« Ces dépenses, loin d'être superflues, sont justifiées par l'intention sincère d'être utile à la protection du pays impérial et à l'empire même, ainsi que le témoigne, lors de la rupture des relations avec le gouvernement grec, la concentration à Alexandrie d'un corps de vingt mille hommes attendant le premier ordre ou le premier signal de Sa Majesté.

« Les détails qui précèdent démontrent qu'on ne néglige pas les causes principales de la civilisation.

« J'ai la conviction que Votre Altesse elle-même voudra bien le reconnaître.

« Les mesures prises depuis deux ans pour l'ouverture des nouvelles rues et les embellissements des villes m'ont été suggérées par les travaux si utiles exécutés à Constantinople, dans l'intérêt de la santé et du bien-être publics, travaux émanant de l'initiative de l'administration municipale, que j'ai été à même de constater dans mes derniers voyages, et que j'ai cherché à imiter dans la limite des us et coutumes du pays impérial. Le ministère des finances ne supporte d'ailleurs aucune des dépenses occasionnées par ces sortes de travaux, auxquels on pourvoit par les revenus de la ville, et quelquefois, lorsque besoin est, par mes revenus personnels.

« Ces explications franches et sincères sur l'état véritable des choses effaceront, je n'en doute point, de l'esprit de Votre Altesse la mauvaise impression causée par des accusations injustes. L'esprit de dignité et de justice qui distingue à un si haut degré Votre Altesse m'est un sûr garant qu'elle reconnaîtra que la fidélité et le dévouement dont je suis animé pour Sa Majesté Impériale sont inaltérables.

« De même, si Sa Majesté a ressenti quelque indisposition contre moi, elle daignera, j'en ai la ferme conviction, lorsqu'elle connaîtra la vérité tout entière, mue par les sentiments de clémence et de générosité qui animent sa grande âme, me rendre et même augmenter à mon égard la bienveillance dont elle a bien voulu jusqu'à présent me combler.

« Du reste, après avoir terminé quelques affaires importantes qui intéressent des sujets du pays impérial, je compte me rendre à Constantinople pour déposer mes hommages les plus respectueux au pied du trône de Sa Majesté et remplir envers elle mes devoirs de fidélité.

« Ainsi je prie Votre Altesse de vouloir bien saisir une occasion favorable de soumettre mon intention à Sa Majesté.

« Je la prie également de me conserver sa précieuse amitié. »

Cette longue réponse du khédive, dont le lecteur a pu constater le caractère perpétuellement et ridiculement évasif, et qui ne donne pas une haute idée du personnage ni de la politique qui l'a dictée ou inspirée, fut jugée dérisoire à Constantinople. L'impression fut la même dans toute l'Europe; et l'on peut dire qu'à dater de la publication de cette pièce, les sympathies plus ou moins sincères, que les amis et l'or d'Ismaïl-Pacha s'étaient efforcés de lui acquérir, devinrent de moins en moins marquées. Les natures qui aiment la fierté jusqu'à la révolte, et qui avaient cru rencontrer un caractère trempé pour une rébellion audacieuse, déçus dans leur attente par ce langage cauteleux, se détournèrent aussitôt d'une cause qui se défendait par de mauvais arguments de procureur. Les esprits droits, qui préfèrent à tout la vérité et la justice, se sentirent indignés de ce système affecté de réticences. Désormais l'opinion européenne, un instant indifférente, inclinait avec une préférence décisive du côté du Sultan offensé.

Ce fut sur ces entrefaites qu'A'Ali-Pacha, après une délibération du conseil des ministres de la Porte, tenu le 25 août, fut autorisé par le Sultan à adresser au khédive la réplique suivante :

*Lettre de S. A. le grand vézir, en date du* 31 *gemelawel* 1286, *adressée à S. A. le khédive.*

« J'ai eu l'honneur de recevoir la lettre en date du 18 courant que Votre Altesse m'a fait remettre par S. Exc. Talaat-Pacha en réponse à la dépêche que, par ordre de Sa Majesté, j'avais adressée à Votre Altesse, et qui contenait, avec certaines observations, une demande d'explications. La lettre de Votre Altesse a été mise sous les yeux du Sultan.

« Il est superflu d'exposer à Votre Altesse qu'il y a deux attributions importantes qui appartiennent au haut apanage de souveraineté que possède Sa Majesté.

« En premier lieu, l'accroissement progressif de la prospérité et de la sécurité des sujets fidèles de Sa Majesté, ainsi que la consolidation des bases de leur bien-être et de leur tranquillité.

« En second lieu, le devoir de sauvegarder absolument les droits légitimes de l'autorité souveraine.

« L'Égypte étant une contrée importante et une des parties les plus grandes de l'Empire, la surveillance minutieuse du complet accomplissement des devoirs déterminés pour sa bonne administration est soumise sans contredit à cette règle générale. Et il n'y a pas lieu d'expliquer que la plupart des difficultés, des différends, des actes d'oppression et de dilapidation proviennent de ce qu'on ne détermine pas comme il faut, d'un commun accord et d'une manière sincère, la mise en pratique des droits et des devoirs. Il n'en est pas moins vrai que les événements qui surgissent de temps en temps, et qui préoccupent les esprits au sujet de l'administration de l'Égypte, confirment ce que je viens d'avancer.

« Aux yeux du gouvernement de Sa Majesté, l'Égypte est, sous tous les rapports, la partie la plus importante de l'empire ; aussi n'est-il pas en son pouvoir de permettre la moindre atteinte à aucune des clauses et des conditions prescrites par firman impérial à l'égard de cette contrée.

« En conséquence, la détermination incomplète de la mise en pratique des clauses et conditions, en ce qu'elles touchent à la haute position de khédive, peut faire naître telles circonstances qui causent différentes difficultés.

« Ainsi donc la chose la plus digne d'attention, et qui préservera à l'avenir de pareils dangers et de telles difficultés, c'est la fixation du mode de la mise en pratique des conditions fondamentales.

« Le contenu de la réponse de Votre Altesse a facilité la solution de cette importante question. Sa Majesté a apprécié et agréé non-seulement cette réponse, mais aussi les assurances qu'elle renferme sur la parfaite fidélité, sur le dévouement de Votre Altesse envers Sa Majesté Impériale, et sur la résolution sincère prise de ne pas transgresser la sphère des devoirs déterminés.

« Si, dans ma première lettre, au lieu d'exposer franchement certaines observations je les eusse dissimulées, la méfiance serait née dans les rapports réciproques et il aurait pu en résulter grand nombre d'inconvénients. En effet, le premier devoir de l'empire, quand il s'agit des questions fondamentales, c'est de faire abstraction des personnalités pour envisager sans détour les situations.

« Du reste, il n'est pas douteux que Votre Altesse, avec la sagacité qui la distingue, ne reconnût que les principes posés dans ma première lettre étaient, aux yeux du gouvernement impérial, les points les plus importants, et que leur préservation de toute atteinte, dans le présent et pour l'avenir, était un des devoirs sacrés de Sa Majesté. La réponse de Votre Altesse est venue confirmer cette opinion.

« Sa Majesté a su en détail que Votre Altesse était prête à effacer toute trace de l'état de choses regrettable qui, par des raisons connues, a surgi depuis quelque temps, et que, loin de vouloir sortir du cercle des devoirs et des priviléges déterminés, elle n'en avait même pas conçu la pensée, ce qui a affirmé de nouveau les bonnes grâces de Sa Majesté envers elle. En conséquence, on a jugé à propos de fournir à Votre Altesse un moyen convenable de mettre à exécution les bonnes intentions et les louables pensées que confirme sa lettre, pour effacer ainsi les traces regrettables d'un état de choses qu'on désire vivement de part et d'autre voir cesser. Le moyen le plus sûr d'arriver à ce but consiste dans l'accomplissement des dispositions claires et précises des firmans, conformément à ce qu'il est dit plus haut. A cet effet, je m'empresse d'indiquer ci-après les mesures dont l'adoption est nécessaire.

« D'après les dispositions des firmans accordés à l'aïeul de Votre Altesse, et conformément aux conditions renouvelées par les ordres postérieurs, les soldats réguliers égyptiens sont considérés comme soldats impériaux ; leur situation, leur tenue et le temps de leur service sont déterminés, et enfin l'effectif de l'armée, fixé primitivement à dix-huit mille hommes, a été plus tard, en vertu d'une autorisation spéciale, porté au chiffre de trente mille hommes.

« Votre Altesse ne voudra pas certainement dépasser ce nombre tant que la Sublime Porte, en cas de besoin, ne le jugerait pas à propos. Comme l'achat des fusils et des munitions en quantité plus considérable qu'il n'est réglementairement nécessaire à ce nombre de soldats est une dépense superflue et inutile, Votre Altesse reconnaîtra la non-nécessité de plus de deux cent mille fusils à aiguille qui ont été achetés précédemment, ou récemment commandés tant en Europe qu'en Amérique, et elle s'empressera d'y renoncer. De même que, pour ne pas sortir des limites des conditions précitées, elle se dispensera sans aucun doute des navires blindés qui sont en cours de construction à Trieste et en France. Et dans le cas où il serait difficile à Votre Altesse de renoncer à l'acquisition de ces fusils superflus et des navires blindés, c'est-à-dire si la vente ou la restitution ne lui en était pas possible, leur acquisition par Sa Majesté serait décidée afin de faciliter cette transaction.

« Les impôts, d'après le même firman, doivent être perçus en Égypte au nom du Sultan ; mais bien que la rentrée des impôts et la dépense des revenus soient réservés à l'administration égyptienne, les stipulations réglant la perception des impôts au nom du Sultan n'ont pas leur raison d'être tant que Sa Majesté ignore quelles sont les charges qui incombent aux habitants de l'Égypte ainsi que la nature, le chiffre et l'emploi des revenus.

« Votre Altesse ne manquera pas d'examiner attentivement les revenus et les dépenses, en soumettant avec raison aux conseils l'exposé financier, ainsi que le prouve la lettre de Votre Altesse, attendu qu'il importe à la sûreté du pays impérial et de ses habitants de perfectionner ces systèmes avantageux. Votre Altesse n'ignore pas que les emprunts engagent les finances du pays pour le présent et pour l'avenir, et rendent sans aucun doute nécessaire la création d'impôts supplémentaires afin de pourvoir au service des intérêts et à l'amortissement du capital ; c'est là une affaire considérable dont il n'est pas convenable de laisser la responsabilité à Votre Altesse seule. Aussi un des effets bienfaisants de la volonté impériale est le désir que le budget annuel des recettes et dépenses soit également soumis à Sa Majesté par Votre Altesse. Si l'on voit la nécessité de contracter des emprunts à l'étranger, les raisons devront en être données en faisant connaître les conditions, en indiquant les ressources destinées à faire face au service des intérêts et à l'amortissement du capital ; en demandant d'abord, comme par le passé, l'autorisation impériale, et enfin en obtenant un ordre par firman impérial.

« Les relations de l'Égypte avec les cabinets européens se trouvant comprises dans le cercle des traités de la Sublime Porte avec les puissances amies, il avait été formellement décidé, par les firmans précités, que l'administration égyptienne n'aurait pas de relations directes et officielles avec ces puissances. Ainsi, dans le cas où il se présenterait une affaire à l'étranger concernant l'Égyte, il importe, comme conséquence de ladite décision, que cette affaire soit traitée par la Sublime Porte et par l'intermédiaire officiel des ambassadeurs. Mais si, en vertu des autorisations impériales contenues dans le firman du 5 Seffer 1284, il devenait nécessaire d'envoyer un fonctionnaire afin de donner quelques explications aux cabinets au sujet des arrangements spéciaux qui pourront être conclus avec les étrangers sur les affaires déterminées, et de discuter ces arrangements particuliers et non officiels, il serait très-aisé et conforme aux droits que ce fonctionnaire eût recours aux représentants de la Sublime Porte résidant dans le pays où il se rendrait, et qu'il entreprît la discussion de l'affaire sous leur direction officielle.

« Les assurances données par Votre Altesse relativement à la stricte observation des lois fondamentales qui touchent à la sécurité des personnes et des propriétés et à l'honneur des habitants, lois que doivent respecter les fonctionnaires publics de tout rang, ont été agréées d'une manière toute particulière par Sa Majesté, qui fait de cette question l'objet de sa plus vive sollicitude. En conséquence Sa Majesté m'a ordonné d'ajouter que Votre Altesse devra porter de plus en plus son attention sur les mesures salutaires. Sa Majesté est persuadée, que Votre Altesse ne permettra pas l'état de gêne et de souffrance éprouvé cette année-ci par les pèlerins à leur retour par voie d'Égypte, et voudra bien prendre les mesures nécessaires pour prévenir un tel état de choses, et qu'elle aura soin de rendre responsables les fonctionnaires qui ont commis des actes contraires au gré de Sa Majesté et à l'humanité.

« Nous reconnaissons Votre Altesse comme le plus haut dignitaire de ce grand empire. La pensée de Sa Majesté est que vous respecterez les droits sacrés de votre auguste bienfaiteur, et que, dissipant toute erreur et tout malentendu, vous mettrez à exécution les mesures que nous vous indiquons pour assurer à l'avenir la prospérité et la sécurité du pays impérial qui se trouve sous la haute administration de Votre Altesse. Nous nous dispensons donc d'insister à ce sujet.

« Sa Majesté ayant aggréé l'intention où vous êtes de nous honorer de votre visite, je viens, par son ordre, vous adresser la présente, pour vous faire part du plaisir que Sa Majesté éprouvera, après la complète acceptation des principes et des règles posés dans cette lettre, à vous témoigner sa constante bienveillance à l'occasion de votre visite.

« *Signé :* A'ALI. »

Cette fois le khédive, tout habile et rusé qu'il se croyait être, se trouvait pris à son propre piége. Il prétendait, dans sa réponse, qu'en faisant ses armements il n'avait eu qu'un but, se servir de ce matériel pour concourir à la défense du Sultan en cas de guerre (et il lui était impossible d'alléguer un autre prétexte sans violer, littéralement et dans son esprit, le firman de 1841 et sans s'avouer coupable de forfaiture). On le prenait au mot en lui demandant de céder à la Porte, au prix coûtant, ce matériel composé des navires cuirassés et des deux cent mille fusils perfectionnés qu'il avait commandés.

Les autres points touchés dans la réplique d'A'Ali-Pacha, savoir : la réduction des forces de terre et de mer aux proportions prescrites par les firmans ; l'interdiction de nouvelles taxes et la réduction des impôts qui écrasent les populations égyptiennes; l'obligation de transmettre annuellement un état de la situation financière de l'Égypte, et la défense de donner le titre de ministre aux chefs des différents services administratifs ; tout cela était parfaitement conforme aux firmans et aux traités constitutifs de l'administration égyptienne. Mais tout cela aussi tranchait dans le vif des prétentions du khédive. Accepter, c'était, pour Ismaïl-Pacha, se renfermer honorablement dans son rôle naturel et légal de simple vézir, mais c'était aussi renoncer à ses rêves ambitieux. Résister ouvertement, c'était renouveler la rébellion de Méhémet-Ali, sans avoir son génie et sans posséder les moyens de la soutenir sérieusement et heureusement. Or le khédive ne pouvait se faire illusion sur l'efficacité probable d'une résistance armée de sa part, au moment où l'empire ottoman jouissait d'une paix profonde et avait la libre disposition de toutes ses ressources.

Ismaïl-Pacha ne sut pas prendre franchement le meilleur parti, celui du devoir. Il n'osa pas non plus s'en remettre aux décisions du dieu des batailles. Il attendit.

Il comptait sans doute sur l'intervention des puissances, sur le prestige que lui apporteraient les fêtes de l'inauguration du canal de Suez, et l'honneur qu'il aurait alors de donner l'hospitalité aux souverains et aux princes européens qui avaient accepté son invitation.

Ni le khédive ni ses conseillers ne prenaient garde que les intérêts politiques et commerciaux de l'Europe, et spécialement ceux de la France et de l'Angleterre, sont tout à la paix ; que le réveil de la question d'Orient alarmerait instantanément tous ces intérêts ; et enfin que l'attitude récente de toutes les puissances à la conférence de Paris, y compris la Russie elle-même, lors de l'apaisement du conflit gréco-turc, était un indice manifeste de la ferme volonté de l'Europe d'empêcher qu'un seul coup de canon fût tiré en Orient.

La Porte ayant eu, de son côté, la sagesse et la fermeté de maintenir au conflit le caractère d'une difficulté d'administration purement intérieure, et n'ayant, aux termes des traités de 1841, d'autre obligation que de conserver le gouvernement de l'Égypte *à la famille de Méhémet-Ali*, à quel titre les puissances auraient-elles pu intervenir en faveur du khédive? Et, pour épuiser l'hypothèse de la dépossession d'Ismaïl-Pacha, n'était-il pas indifférent à la France et à l'Angleterre que ce fût tel ou tel membre de cette famille qui remplît les fonctions de gouverneur de l'Égypte, et qui protégeât la sécurité de leurs voyageurs et de leur commerce?

Toutes ces raisons, présentes à l'esprit de quiconque porte un instant son attention sur les affaires générales de l'Europe, auraient pu frapper l'esprit du khédive. Mais la passion a des obstinations qui résistent aux clartés de l'évidence. Ismaïl-Pacha ne sut pas se rendre à propos.

La réplique vizirielle était partie de Constantinople pour Alexandrie le 31 août, portée par un aide de camp d'A'Ali-Pacha.

Après deux mois et demi de réflexions, et pendant que les souverains et les princes invités étaient encore ses hôtes, le khédive se décida enfin à répondre aux demandes formulées par la Porte avec une précision qui semblait défier toute équivoque; et l'on va voir ce qu'était cette réponse où se peint, d'une façon puérilement cauteleuse, l'esprit d'un personnage mis nettement en demeure par son interlocuteur, et qui s'imagine qu'il lui suffira d'avoir l'air de ne pas comprendre.

Comme si la lettre d'A'Ali-Pacha ne lui avait pas été directement et personnellement adressée, et qu'il lui fût loisible de n'en pas tenir compte, la réponse d'Ismaïl-Pacha affecte la teneur d'une simple dépêche, écrite à l'occasion d'une communication de l'ambassadeur britannique, M. Elliot, au consul général d'Angleterre à Alexandrie :

*Dernière réponse du khédive.*

« Par la communication de S. Exc. M. l'ambassadeur britannique adressée au consul d'Angleterre, et dont celui-ci m'a donné connaissance, j'ai connu la véritable pensée de Votre Altesse au sujet des agents que je pourrais envoyer en Europe à l'effet de négocier les arrangements spéciaux que j'aurais à conclure, dans les limites du firman de priviléges, avec les puissances européennes. Désirant que Votre Altesse prenne connaissance de cette pièce, je la transmets à mon *Kapou*

*Keayea*, avec invitation de la placer sous vos yeux. Il résulte de cette communication, en ce qui touche la question des agents égyptiens envoyés avec mission de conclure des arrangements spéciaux, que la pensée de la Sublime Porte se résume à se contenter seulement que ces agents soient présentés une première fois aux ministres des affaires étrangères, par les représentants de la Sublime Porte, sans ingérence de ceux-ci dans la mission de ceux-là. Bien que depuis le firman de 1824 les agents égyptiens se présentent eux-mêmes et sans intermédiaires aux ministres des affaires étrangères, je m'empresse, pour témoigner de mon attachement à l'auguste personne de Sa Majesté, et de mon désir de me conformer aux intentions de son gouvernement, d'accepter la teneur de la susdite concession et de m'y conformer. Dieu sait si je suis reconnaissant à Votre Altesse de ce qu'elle a bien voulu élucider aussi ce point. En outre, ayant reçu de personnes dignes de confiance la nouvelle que je ne serais pas obligé de présenter mon budget à la Porte, j'aime à espérer que cette nouvelle est exacte. D'ailleurs Votre Altesse ayant daigné me donner l'heureuse assurance que Sa Majesté était dans la volonté de maintenir et de conserver les priviléges successivement accordés par les firmans impériaux depuis 1841, mon espoir se consolide et se convertit en certitude.

« Il reste maintenant un seul point : celui de l'autorisation des emprunts.

« J'ai la ferme confiance que celui-ci sera également résolu par le recours aux termes formels des firmans impériaux, avec la haute équité de Votre Altesse, reconnue du monde entier.

« En effet, si l'on considère attentivement ce point, comme la subordination nuirait en toutes affaires, petites ou grandes, de la province d'Égypte, dont l'administration m'a été confiée par la bienveillance seule de Sa Majesté le Sultan, il est évident que le firman de priviléges accordé en dernier lieu à l'Égypte serait alors sans valeur.

« Si la chose n'eût pas été ainsi, je n'eusse pas eu d'autre devoir, je le sais, que de me soumettre à une simple indication de Votre Altesse.

« Ayant la confiance que toutes les communications de Votre Altesse ont été inspirées par la plus parfaite sincérité et la plus entière pureté d'intention, je viens, de mon côté, vous parler en toute confiance et sincérité, m'appuyant sur l'heureuse assurance que Sa Majesté ne voudra même pas amoindrir les priviléges accordés par sa munificence impériale, comme aussi sur la parfaite équité et la haute sagesse qui distinguent si éminemment Votre Altesse.

« J'espère qu'en acceptant aussi ce point de la façon exposée ci-dessus, elle daignera employer ses bons offices pour faire accroître en ma faveur la haute et féconde bienveillance de Sa Majesté, plus précieuse pour moi que le monde entier et tout ce qu'il renferme. »

Si l'on écarte la phraséologie et les formules de soumission officielle, qui ne servent qu'à faire ressortir avec plus de force la mauvaise grâce avec laquelle le gouverneur de l'Égypte se résigne à la subordination de ses agents à l'égard des ambassadeurs du Sultan dans les relations avec les puissances étrangères, il résulte de cette réponse que le khédive se refuse à admettre l'obligation de soumettre annuellement son budget à la Porte, et de demander une autorisation pour les emprunts qu'il désirera contracter. Ce refus était aggravé par la forme cavalière, et presque impertinente, dans laquelle il était maladroitement libellé. C'était, en outre, le khédive lui-même, et non son souverain, qui déclarait, de sa propre autorité, le différend aplani et qui y mettait un terme!

Qui avait pu inspirer à Ismaïl-Pacha l'idée et le ton d'une pareille épître? Était-ce l'orgueil, cette maladie fatale des satrapes d'Orient? Était-ce l'infatuation de la puissance qu'il a cru enfin posséder lorsqu'il s'est vu entouré des souverains et des princes qui recevaient alors de Son Altesse une si magnifique hospitalité? Ou bien, comptant sans mesure sur les bons offices des puissances pour arrêter une explosion de la colère du Sultan poussé à bout, espérait-il que la Porte, n'osant prendre l'initiative d'une rupture ouverte, ni la responsabilité des risques à courir, se résignerait humblement, et accepterait dans un indigne silence cette fin de non-recevoir?

Dans l'une ou l'autre hypothèse, il eût été difficile d'afficher plus de hauteur avec plus de maladresse; car c'était bien lui, cette fois, lui le gouverneur de la province d'Égypte, qui, de propos délibéré, plaçait son souverain dans l'alternative impérieuse, ou de subir, à la face du monde et en présence des secrètes machinations des ennemis de l'empire, l'insolence d'un subordonné, ou bien de faire un acte éclatant d'autorité et d'agir dans toute la rigueur de son droit, afin de sauvegarder la dignité de sa couronne.

On le comprit ainsi à Constantinople, comme à Paris, à Londres et à Vienne, et l'émotion fut vive en Europe. On savait, d'ailleurs, que Abdul-Aziz avait eu la pensée de se rendre en personne aux fêtes de l'inauguration du canal de Suez, et l'on croyait voir, dans la teneur de la réponse du khédive, l'intention calculée de froisser le Sultan pour l'empêcher de mettre ce projet à exécution, afin qu'Ismaïl-Pacha eût la gloire de figurer seul à ces fêtes, comme le souverain du pays, pour en faire les honneurs à ses hôtes princiers. Ce qui est certain, c'est qu'après la réponse du khédive, Abdul-Aziz ne pouvait plus songer à paraître en Égypte autrement qu'en maître, et en maître irrité.

Aussi n'y eut-il dans le divan, comme dans tout Constantinople, qu'un même sentiment à la réception de la lettre d'Ismaïl-Pacha : c'est qu'il fallait en finir. Et comme le départ des souverains et des princes qui avaient reçu l'hospitalité du khédive faisait disparaître toute crainte de blesser la susceptibilité de ces personnages en mêlant un acte de rigueur aux fêtes de l'inauguration, la Porte prit résolument son parti. Après plusieurs délibérations, il fut décidé qu'une dernière sommation, plus directe et plus explicite encore que les précédentes, serait expédiée au Caire. Et, afin de donner à cet acte une forme impérative qui ne permît au khédive ni résistance ni discussion, sous peine de se déclarer en révolte ouverte, ce fut un firman que le Sultan adressa du haut de sa souveraineté à Ismaïl-Pacha.

Voici cette pièce, telle que le *Times* l'a publiée en français :

### *Firman du sultan au khédive d'Égypte.*

« Il est superflu de dire combien ma sollicitude est grande pour la prospérité de l'importante province d'Égypte, et pour l'accroissement du bien-être et de la sécurité de ses habitants.

« Tout en consacrant une attention sérieuse au maintien intact des priviléges intérieurs accordés à l'administration égyptienne, il est de mon devoir de surveiller en même temps le strict accomplissement des obligations de cette administration soit envers ma couronne, soit envers les habitants de la province.

« En conséquence, j'ai accepté les éclaircissements que tu as donnés et les engagements que tu as pris relativement aux armes et aux bâtiments de guerre, ainsi qu'à l'égard des relations extérieures de la province, par la lettre que tu as écrite sous la date du 10 djemazi-ulewel 1286, en réponse à celle que mon grand vézir t'avait adressée par mon ordre souverain le 18 rebuil-akhir 1286.

« Seulement, la question financière étant un point vital pour tout le pays, si la quotité des impôts est supérieure aux moyens des contribuables, ou si les produits de ces impôts, au lieu d'être affectés aux besoins réels du pays, sont absorbés par des dépenses infructueuses, on s'expose incontestablement à des pertes et à des dangers incalculables.

« Il en résulte pour le souverain du pays le droit sacré et imprescriptible de surveiller avec sollicitude cet important objet; et, pour qu'il ne subsiste plus aucun doute ni malentendu à cet égard, j'ai décidé de te donner les éclaircissements suivants, qui seront également portés à la connaissance de tous.

« Ainsi, suivant les conditions fondamentales qui servent de base à l'administration actuelle de l'Égypte, tous les impôts et redevances doivent être répartis et perçus en mon nom. Je ne saurais donc consentir en aucune manière à ce que les sommes provenant de ces impôts soient employées autrement qu'aux besoins réels du pays, ni à ce que les habitants soient chargés de nouveaux impôts sans une nécessité légitime et reconnue.

« Ma volonté absolue est donc que tes soins et ton zèle les plus incessants soient dirigés vers ces deux importants objets, aussi bien que sur la nécessité que mes sujets d'Égypte soient toujours traités avec justice et équité.

« De même, les emprunts étrangers engageant pour de longues années les revenus du pays, je ne saurais admettre que, sans que tous les détails des raisons qui peuvent y faire recourir aient été soumis à mon gouvernement impérial, et sans que mon autorisation ait été préalablement obtenue, des sommes prélevées sur les revenus de l'Égypte soient affectées au service d'un emprunt.

« Ma volonté est donc qu'en aucun temps il ne soit fait d'emprunt qu'après que la nécessité absolue d'y avoir recours sera établie et mon autorisation préalable obtenue.

« Tu conformeras désormais tes actes et ta conduite aux termes formels de mon présent firman impérial, qui est en tout point conforme aux droits et aux devoirs respectifs, ainsi qu'aux précédents.

Le 22 Chaban 1286.

L'habileté et la force de cet acte étaient de rappeler les priviléges déjà concédés au khédive, d'en déterminer le sens et les limites tout en les maintenant, et de marquer ainsi le point au delà duquel toute tentative d'empiétement ne serait pas tolérée. Les questions du budget et des emprunts qu'Ismaïl-Pacha avait essayé, dans sa dernière réponse, de soustraire au contrôle de l'autorité du Sultan, se trouvaient réglées dans le firman d'une manière péremptoire.

A ce langage impératif, nulle réplique n'était possible. Il ne restait au khédive d'autre alternative que la soumission pure et simple, ou la rébellion ouverte. Mais l'heure n'était pas propice pour ce dernier parti. L'Angleterre, par la voix de ses journaux les plus considérables, déclarait très-haut sa volonté d'empêcher à tout prix le conflit d'aboutir à des actes de guerre. En France et en Autriche personne ne croyait à une résistance armée de la part du khédive, dont les réticences et les réponses puérilement évasives avaient été universellement blâmées. A Paris comme à Londres et à Vienne, les hommes sérieux s'indignaient à la pensée que le repos du monde et la sécurité des transactions commerciales pussent dépendre de la vanité surexcitée d'un pacha ambitieux. Partout l'esprit public se montrait irrité contre Ismaïl-Pacha. On savait le Sultan résolu à agir, s'il y était contraint; et comment ne pas lui donner raison? L'Égypte, soustraite à la souveraineté de Constantinople, c'était le commencement de la dissolution de l'empire; la Porte cessait d'être une puissance, et la maison d'Osman perdait tout prestige aux yeux des musulmans. On s'expliquait donc très-bien, par les motifs politiques et religieux de l'ordre le plus élevé, la nécessité pour le Sultan de prendre une résolution suprême.

C'est ce que l'ambassadeur d'Angleterre, M. Elliot, qui s'était rendu au Caire par l'ordre de lord Clarendon, se chargea de faire comprendre au khédive en lui tenant le langage le plus net et le plus énergique.

La Porte avait confié la mission de porter le firman à Server-Effendi, préfet de Constantinople, qui avait rempli déjà une mission en Égypte, lors du différend survenu entre le khédive et M. de Lesseps, au sujet de l'arrangement définitif de l'affaire du canal de Suez. Un délai de trois jours, à dater de la réception du firman, était accordé à Ismaïl-Pacha pour donner son adhésion par écrit, et le firman devait être publié en Égypte.

Server-Effendi eut deux séances avec le khédive avant d'obtenir sa soumission entière. Enfin M. Elliot, qui avait essayé dans plusieurs entretiens de convaincre Ismaïl-Pacha de la nécessité de céder, finit par lui déclarer sans détour que l'Angleterre ne lui permettrait pas de recommencer la révolte à main armée de 1840, et qu'au premier pas fait dans cette voie, il la rencontrerait sur son chemin avec toutes ses forces.

Convaincu alors, ou plutôt vaincu par cette déclaration d'une netteté toute britannique, et assuré désormais de son isolement, Ismaïl-Pacha se résigna à l'adhésion qui lui était imposée, et fit donner lecture publique du firman impérial, qui fut publié dans toute l'Égypte. A ce moment le télégraphe annonça partout que le Sultan était obéi dans sa province d'Égypte; et quelques jours après M. Ottway, le sous-secrétaire d'État du foreign-office, dans un discours prononcé à Chatham, put faire savoir à ses électeurs, avec la modestie qui sied aux victorieux, que les bons effets de la diplomatie anglaise n'avaient point été sans influence sur la solution pacifique du conflit.

La nouvelle de la soumission du khédive causa en Europe une satisfaction générale. Il faut en excepter pourtant la Russie. Les journaux du pays et les feuilles qui, ailleurs, reçoivent le mot d'ordre du cabinet de Saint-Pétersbourg, exprimèrent, dans des termes remplis d'amertume, les plus vifs regrets de la soumission d'Ismaïl-Pacha, et laissèrent entrevoir qu'une autre fois la Russie pourrait bien venir en aide à ses prétentions.

Quelque accoutumé que l'on soit aux sentiments d'hostilité de la Russie à l'égard de la Turquie, on a été généralement surpris que le cabinet moscovite n'ait pas su mieux dissimuler son dépit du succès que la Porte venait d'obtenir.

Mais, à tout bien considérer, il n'est pas sans utilité que les journaux dévoués au gouvernement russe aient montré, en cette circontance, leur véritable pensée. C'est un avertissement pour les politiques et les publicistes qui seraient tentés de croire aux protestations de désintéressement et d'amour de la paix dont la Russie aime à se parer de temps en temps, et qui auraient pu hésiter sur la ligne à suivre dans la question des rapports du sultan avec le gouverneur héréditaire de sa province d'Égypte. Aider à l'indépendance de l'Égypte, c'est rapprocher le tzar de l'objet suprême des ambitions moscovites ; c'est lui ouvrir le chemin de Constantinople. Voilà ce que l'attitude de la presse moscovite enseigne implicitement à ceux qui voudraient douter encore.

---

# IV

DROIT DE LA PORTE A CONTRÔLER LE BUDGET DE LA PROVINCE D'ÉGYPTE, ET A AUTORISER LES EMPRUNTS A L'ÉTRANGER. — UN MOT SUR LE SYSTÈME FINANCIER DU KHÉDIVE. — NÉCESSITÉ POUR LA TURQUIE D'ARRÊTER LES CONSÉQUENCES DÉSASTREUSES DE CE SYSTÈME.

Dans l'aperçu que nous venons de présenter des diverses phases du conflit turco-égyptien, on a pu voir que la question financière a failli être la pierre d'achoppement qui allait rendre définitive la rupture entre le Sultan et le khédive, au moment même où elle paraissait en voie d'apaisement.

Pour se rendre compte des motifs qui déterminaient le refus d'Ismaïl-Pacha et des raisons décisives qui, d'autre part, obligeaient la Porte à ne rien céder sur ce point, une explication succincte est nécessaire.

En concentrant toute sa résistance sur la question financière, et principalement sur la faculté qu'il entendait posséder et garder de contracter, à son gré, des emprunts à l'étranger, Ismaïl-Pacha mettait à nu le fond de sa pensée, et obéissait au mobile qui a inspiré tous les actes de son administration. Les politiques, qui s'étaient imaginé qu'ils retrouveraient dans le petit-fils quelque chose de la haute ambition de son grand-père Méhémet-Ali, furent surpris et comme déçus en le voyant céder facilement sur les questions de l'armée, de la marine et des relations avec les puissances, pendant qu'il se refusait à toute concession sur la question d'argent. Il se résignait, sans regrets apparents, aux restrictions qu'on lui imposait dans le domaine des choses militaires et diplomatiques, c'est-à-dire sur les points qui semblaient devoir tenir le plus au cœur d'un homme dévoré du désir de compter parmi les souverains, et il ne se montrait intraitable que sur la question financière! Et il ne cédait qu'à la dernière extrémité!

Mais, en y regardant de plus près, on reconnaît que l'ambitieux khédive n'agissait pas à la légère. L'argent est le nerf de tout, de la paix et de la guerre. Qu'on laisse à Ismaïl-Pacha la faculté de pressurer indéfiniment les fellahs, pour s'enrichir au moyen des impôts et des corvées, ainsi qu'il l'a fait jusqu'à ce jour, et rien ne l'empêchera de recommencer ses tentatives autonomistes de 1869, sitôt qu'il verra poindre à l'horizon quelque conflit entre la Porte et une autre puissance. Si, au contraire, il lui est interdit d'établir de nouveaux impôts et de contracter des emprunts sans l'autorisation du Sultan, et s'il est obligé de soumettre annuellement son budget au contrôle du Divan, dès lors il n'a plus la possibilité de recommencer ses armements et de reprendre une attitude menaçante vis-à-vis de son souverain.

En maintenant sur la question financière l'exercice intégral de son droit de contrôle et d'autorisation, la

Porte a donc montré qu'elle avait la clairvoyance du danger.

Elle empêche en même temps le khédive d'achever la ruine des malheureux fellahs au profit de son trésor particulier d'abord, et, en second lieu, au profit des courtisans et des hommes d'affaires qui savent exploiter la vanité du satrape égyptien : et, sous ce rapport, le Sultan remplit son devoir de souverain, qui doit sa protection bienveillante à ses sujets d'Égypte, comme à ceux des autres provinces de l'empire.

Mais la Porte avait, en outre, pour exiger que la situation financière de la province d'Égypte lui fût soumise, une autre raison non moins décisive : cette raison, c'est que, dans le cas où le khédive suspendrait ses payements, les créanciers de l'Égypte seraient en droit de demander à prendre hypothèque sur le sol égyptien. Dans cette éventualité (moins improbable qu'on ne pense), la Porte encourrait donc une responsabilité effective, puisque le Sultan est souverain de l'Égypte et que le sol égyptien fait partie intégrante de l'empire ottoman. — Les actionnaires du canal de Suez n'ignorent certainement pas ce caractère de la situation, et sont, en définitive, les premiers intéressés à ce que le Divan contrôle la gestion financière du khédive.

Il y a plus. Dans cette hypothèse du non-payement des dettes du Trésor égyptien, les puissances n'auraient-elles pas à intervenir auprès du Sultan, souverain territorial de l'Égypte, pour défendre les intérêts de leurs nationaux soumissionnaires des emprunts d'Ismaïl-Pacha?

Nous avons vu récemment, à Tunis, une commission, formée de délégués anglais, français, allemands et italiens, être chargée de contrôler les revenus de la régence pour réaliser le remboursement des dettes contractées, au nom de ce petit État, envers les sujets de ces diverses nations. Que dirait-on si, à un moment donné, l'installation d'une commission analogue à Alexandrie devenait nécessaire, et s'il fallait la laisser percevoir directement les revenus de l'Égypte pour le compte des créanciers de Son Altesse le khédive? La dignité de la Porte pourrait-elle permettre une semblable ingérence dans l'administration d'une de ses provinces? et ne serait-elle pas obligée, par la force des choses, de substituer sa propre responsabilité de puissance souveraine à l'insuffisante responsabilité du gouverneur de la province d'Égypte?

Or les personnes très au courant de la situation de ce pays, et qui savent jusqu'à quel point le gouverneur de l'Égypte a exploité la matière imposable, ne se dissimulent pas la possibilité d'une catastrophe. Il est donc permis de présumer qu'à Constantinople on a dû réfléchir aux obligations qu'une pareille éventualité ferait peser sur la Porte. Ce qui s'est passé à Tunis est un enseignement pour tout le monde.

Les amis du khédive ont fait de l'Égypte actuelle et de sa prospérité un tableau que des voyageurs plus impartiaux jugent singulièrement flatté. L'or égyptien a été répandu avec habileté; et combien peu de personnes, admirant le faste et les richesses d'un prince d'Orient, se soucient d'en rechercher la source et de savoir si elle ne risque pas d'être bientôt tarie, et bien moins encore si ces profits magnifiques sont légitimement acquis!

Ce n'est pourtant pas là une question oiseuse. L'ère des gouvernements mystérieux est passée, même en Orient, et l'on ne trouve plus que dans les *Mille et une nuits* des trésors inépuisables.

Dans sa correspondance avec A'Ali-Pacha, le khédive s'étend avec quelque complaisance sur les améliorations de toute sorte qu'il a introduites en Égypte, et se glorifie, entre autres choses, des progrès qu'il aurait fait faire à l'agriculture. Ces assertions ont rencontré des dénégations formelles. Les procédés et les résultats de l'administration d'Ismaïl-Pacha sont, au contraire, sévèrement appréciés, sous ce rapport, par des témoins oculaires.

Ceux-ci lui reprochent, par exemple, d'avoir fait défricher au profit exclusif de son trésor personnel les 300,000 feddans de terre qu'il se vante d'avoir rendus à l'agriculture. Ils l'accusent d'avoir imposé d'innombrables corvées aux fellahs pour cette œuvre de défrichement, qui n'a profité ni au trésor public ni aux malheureux travailleurs eux-mêmes. Ainsi s'expliquerait comment, à son arrivée au pouvoir, il ne possédait que 200,000 feddans, tandis qu'aujourd'hui il en possède 600,000, c'est-à-dire le cinquième du sol arable de la province d'Égypte; et comment cette augmentation de richesses territoriales se serait opérée en même temps qu'il se livrait à des dépenses considérables, ce qui, au premier aspect, paraît contradictoire.

Les critiques dont nous parlons rappellent, en outre,

qu'Ismaïl-Pacha, dès qu'il s'est vu le maître, s'est emparé des propriétés privées d'Abbas-Pacha, qui était mort sans enfants. Il s'est attribué de la même façon tous les domaines de l'État, et a prétendu ensuite, pour légitimer ces actes, que le Sultan, lors de son voyage en Égypte, lui avait fait don verbalement de toutes ces propriétés !

Voilà déjà une source d'augmentation de richesses qui n'a rien de mystérieux, et qui est facilement intelligible.

Ce n'est pas tout. Le khédive, voulant expulser du territoire égyptien son frère Mustapha-Fazil-Pacha et son oncle Halim-Pacha, les invita à lui vendre leurs terres. Ceux-ci refusèrent longtemps; mais le moyen d'avoir raison de cette résistance fut bientôt découvert. La distribution de l'eau du Nil, qui est le grand et unique irrigateur des terres en Égypte, et qui donne toute leur valeur aux propriétés, est entre les mains de l'administration. Celle-ci n'a qu'à fermer les canaux d'irrigation pour empêcher une propriété d'être productive. On appliqua ce moyen aux propriétés de Mustapha-Fazil-Pacha et du prince Halim-Pacha, qui furent contraints de la sorte à les céder au khédive.

Trouvant d'ailleurs que ce procédé était aussi sûr que lucratif pour lui, Ismaïl-Pacha l'a employé ensuite à l'égard d'autres propriétaires dont les terres étaient à sa convenance, et ces propriétaires sont aujourd'hui dans la plus grande misère.

Le journal *la Turquie* a raconté, dans son numéro du 11 septembre 1869, un fait plus odieux encore. Par des raisons d'économie, Saïd-Pacha avait mis en disponibilité un nombre assez considérable d'employés civils et militaires. Dans l'impuissance de leur fournir une pension régulière, il leur donna des terres en toute propriété. Par malheur, ces terres, bien cultivées, excitèrent la convoitise de son successeur. N'osant pas user ouvertement envers ces anciens fonctionnaires, qui auraient pu exciter des troubles ou faire entendre des protestations, des mêmes procédés qu'à l'égard de tant d'autres propriétaires, Ismaïl-Pacha prit un détour fort peu compliqué. Il les rappela au service en leur donnant des emplois plus importants, et se fit rendre les terres avec lesquelles Saïd-Pacha avait indemnisé ses anciens serviteurs. Une fois redevenu maître de leurs terres, il prétexta une nouvelle pénurie du Trésor et les congédia impitoyablement les uns après les autres, sans restituer les terres ni allouer aux anciens possesseurs aucune pension ou indemnité. Ces infortunés sont depuis cette époque dans le dénûment le plus absolu. Comment qualifier cette cynique spolation? Et quoi d'étonnant qu'à l'aide de pareils procédés, appliqués en grand, la fortune privée d'Ismaïl-Pacha ait augmenté considérablement, pendant que ses prodigalités étonnaient les habitants de Paris et de Londres et lui attiraient de complaisants admirateurs?

En vain les malheureuses victimes de ces spolations s'adresseraient aux tribunaux égyptiens. Composés de juges révocables à la volonté du khédive, il est sans exemple que ces tribunaux se soient permis une seule fois de donner tort à leur maître dans aucun procès.

Pour toute réponse à ces révélations de *la Turquie*, le prince *libéral* qui règne au Caire et à Alexandrie a interdit à cet indiscret journal l'entrée en Égypte. Le tzar n'eût pas mieux fait.

Est-ce de la sorte que le généreux khédive *se consacre*, suivant les expressions de sa lettre au grand-vizir, *à la consolidation du principe sacré de la sécurité des personnes et des propriétés?*

Les actes particuliers d'arbitraire, de vexations et d'exactions de toute espèce à l'égard des pauvres fellahs, sont innombrables. Une enquête, faite par une commission nommée par la Porte, mettrait à nu tout ce qu'il y a de misérable dans le système administratif de l'Égypte actuelle. Cette commission ferait, s'il y avait lieu, la part de l'exagération dont peuvent être empreints quelques récits; il resterait encore assez de faits authentiques pour stigmatiser aux yeux des honnêtes gens les procédés de ce gouvernement.

A côté de ces actes de spoliation formelle, le génie spéculateur du khédive sait faire tourner à l'accroissement de sa fortune personnelle jusqu'aux malheurs qui frappent la population. Les travaux publics, les routes, les chemins de fer, sont toujours conçus et exécutés dans le but de servir avant tout ses intérêts privés et ses propriétés particulières; et les fellahs sont obligés d'y contribuer par des corvées sans rétribution qui achèvent de les ruiner.

En présence d'une pareille situation faite à la province d'Égypte, et en laissant de côté toutes considérations politiques, le devoir des hommes d'Etat de la

Turquie ne serait-il pas de songer à cette misère trop réelle à laquelle une administration dissipatrice condamne les malheureuses populations de cette province? Aggravation croissante des impôts; affectation des recettes à la construction de palais ou de théâtres dont la splendeur efface les constructions européennes du même genre, et à l'entretien fabuleusement coûteux du personnel qui habite ces palais; armements indéfinis tant sur terre que sur mer et sur le littoral, etc.; n'y a-t-il pas dans cette augmentation inouïe des charges publiques, et dans ces prodigalités beaucoup trop orientales, de quoi ruiner à jamais le pays le plus riche et la population la plus laborieuse? La Porte ne devrait-elle pas craindre que, poussés à bout par les exactions d'un régime impitoyable, les fellahs ne finissent par se révolter contre des spolations destinées à l'entretien du luxe effréné du khédive, en un mot contre des dépenses aussi scandaleuses qu'inutiles?

Aussi comprend-on fort bien que la Porte, qui ne saurait ignorer entièrement ce déplorable état de choses, ait exigé que les budgets annuels de l'Egypte lui soient soumis, et ait interdit tout impôt et tout emprunt nouveau sans une autorisation formelle du Sultan. On voit comment les particuliers et les fellahs payent les frais de l'ambition d'Ismaïl-Pacha et des amitiés coûteuses qu'il entretient en Europe. On voit aussi tout ce qui se cache d'affreuse misère, pour la population, sous les pompes et les magnificences de l'hospitalité fastueuse que le khédive vient d'accorder à tant de visiteurs de tout ordre et de tout rang. Ce ne sont pas seulement les impôts et les emprunts nouveaux que la Porte devrait interdire au khédive : ce seraient aussi les corvées, dont il a fait un si scandaleux abus, et qui ne devraient jamais être imposées à la population que dans l'intérêt de l'Etat, et non dans celui de la fortune particulière du prince.

Dans ses réponses aux demandes de la Porte, Ismaïl-Pacha a essayé de montrer qu'en lui interdisant de contracter des emprunts et d'établir de nouveaux impôts, on lui enlevait un droit qui lui avait été jusqu'ici reconnu, et qui était inscrit notamment dans le firman du 5 juin 1867. Et comme les emprunts et les achats à l'étranger sont une source de commissions fort lucratives pour les intermédiaires et d'autres intéressés, les plaintes du khédive, sous ce rapport, ont trouvé quelques échos dans une partie de la presse européenne. Disons donc un mot de ce prétendu droit du gouverneur de l'Egypte.

Comme conséquence pratique du principe que les descendants de Méhémet-Ali n'auront que le droit d'*administrer*, en qualité de gouverneurs, une *province* faisant partie intégrante de l'empire ottoman, le firman de 1841 porte que tous les impôts seront perçus au nom du Sultan ; et, afin que les Egyptiens, sujets de la Porte, ne soient pas vexés, il ajoute « que les impôts perçus le seront conformément au système équitable adopté par la Sublime Porte. » Le droit de contrôle du Divan est donc implicitement renfermé dans ce texte.

La faculté de contracter des emprunts est quelque chose de plus grave encore que celle d'établir des impôts. Ici, ce n'est plus seulement du bien-être ou de la ruine des populations actuellement vivantes, qu'il s'agit; c'est l'avenir du pays qui est grevé et qui peut être compromis. Les emprunts à l'étranger ayant pour garantie le sol même de l'Egypte, dont le Sultan est souverain, c'est, comme nous venons de le dire, la réalité et l'exercice de cette souveraineté qui sont engagés dans la faculté de réaliser des emprunts.

Le khédive a prétendu fonder son refus d'obéissance, à cet égard, sur un passage du firman de 1867 qui concède à l'administration égyptienne « tout ce qui a rap-« port aux intérêts financiers et à d'autres intérêts « locaux. » Mais ce passage dit seulement qu'il est permis au khédive « de faire des règlements spéciaux dans le but de sauvegarder ces intérêts ou de pourvoir à leur développement. » Le Sultan prend même soin, dans ce firman, de spécifier qu'il s'agit ici de conventions pour la douane, pour la police des sujets européens, pour le transit et la poste, etc. Et, ce qui est topique, le firman ajoute que, dans le cas où ces conventions ne seraient pas conformes aux prescriptions susindiquées et *aux droits fondamentaux de la souveraineté*, elles seront considérées comme nulles et non avenues.

Où découvre-t-on dans ces textes rien qui ressemble à la faculté de contracter des emprunts à volonté? La réserve si explicite *des droits fondamentaux de la souveraineté* n'exclut-elle pas implicitement cette faculté? Et cela est si vrai qu'en fait, le premier emprunt contracté par le khédive l'a été en vertu d'une autorisation écrite du Sultan. Quant au second et au troisième emprunt, ils ont été autosisés en conformité de la demande verbale qui en avait été faite au Sultan par Ismaïl-Pacha, qui se trouvait alors à Constantinople.

Loin de témoigner sur ce point des exigences injustes ou exagérées, la Porte n'a fait que son devoir strict en demandant qu'à l'avenir le budget de l'administration égyptienne lui soit soumis, et qu'il ne soit contracté aucun emprunt sans l'autorisation écrite du Sultan. La situation financière de l'Egypte n'est qu'un mirage. La dette de la province administrée par le khédive dépasse déjà un milliard de francs. Il est donc temps d'arrêter le gouverneur de cette province dans la voie ruineuse où il s'est lancé depuis quelques années, et où son amour de l'argent et ses vues ambitieuses lui faisaient désirer de se maintenir. Ismaïl-Pacha s'est placé sous l'influence d'un certain nombre d'hommes d'affaires qui ne veulent qu'exploiter la situation. Si on l'eût laissé faire et inaugurer un système de prétendus travaux publics, avec émission d'obligations sur les places commerciales de l'Europe, comme il en a été question, la ruine totale et irrémédiable de l'Egypte devenait inévitable et prochaine.

---

# V

LA BROCHURE DE M. FERDINAND DE LESSEPS. — RÉSUMÉ DE CET ÉCRIT. — EXAMEN CRITIQUE DES PRINCIPAUX ARGUMENTS DE L'AUTEUR. — ANALYSE INCOMPLÈTE ET ÉNONCÉ QU'IL PRÉSENTE DU FIRMAN DE 1841. — SITUATION PARTICULIÈRE DE M. FERDINAND DE LESSEPS DANS CE DÉBAT : IL EST L'OBLIGÉ ET L'ASSOCIÉ DU KHÉDIVE. — INTÉRÊT DE M. DE LESSEPS ET DE QUELQUES CAPITALISTES EUROPÉENS A CE QUE LE KHÉDIVE GARDE UNE INDÉPENDANCE ABSOLUE DANS LA GESTION DES FINANCES ÉGYPTIENNES. — UN MOT SUR LA NEUTRALISATION DU CANAL DE SUEZ ET SUR LES CONSÉQUENCES QUI S'ENSUIVRAIENT.

Le 1er septembre dernier, au moment où le conflit entre le khédive et le Sultan commençait à s'accentuer, M. Ferdinand de Lesseps publia une brochure intitulée *Égypte et Turquie.*

Ecrite avec l'habile modération de langage d'un diplomate consommé; laissant de côté tous les faits qui contredisent ses assertions; faisant une séduisante peinture des bienfaits prétendus de l'administration du khédive; reprenant avec assurance un certain nombre de généralités, devenues en quelque sorte des lieux communs parce qu'elles ont été rarement contredites avec fermeté, la brochure de M. de Lesseps paraissait juste à point comme un plaidoyer en faveur des prétentions d'Ismaïl-Pacha.

Cette circonstance, ainsi que le nom de l'auteur et la position toute particulière qu'il occupe en Égypte, méritent que les raisons qu'il donne de son opinion, en faveur d'un régime autonome pour la province d'Égypte, soient examinées avec attention.

Dans quelques pages, qui forment la première partie de sa brochure, et qu'il intitule modestement *Condition physique et politique de l'Égypte*, M. Ferdinand de Lesseps invoque des considérations tirées de la configuration du sol et de l'histoire pour établir que l'Égypte occupe, dans l'empire ottoman, une place exceptionnelle. Il en conclut que les gouverneurs de l'Égypte doivent avoir en toutes choses une liberté d'action, qu'il n'ose pas pousser jusqu'à la séparation formelle et avouée d'avec le reste de l'empire, mais qui en serait l'équivalent effectif.

Son argumentation est très-simple.

D'après M. de Lesseps, le caractère des habitants et le rôle tout spécial que joue dans cette province l'inondation périodique du Nil exigent en Égypte un pouvoir fort et en quelque sorte sans contrôle. Le monde entier a intérêt à ce que l'Égypte soit bien gouvernée, à ce que l'ordre y règne en tout et partout. Ce pays est la route naturelle pour aller d'Occident en Orient, et réciproquement; un bon gouvernement, solide et incontesté, et de bonnes finances sont la condition et la garantie de cet ordre si indispensable au commerce universel. — Un pouvoir sans contrôle et beaucoup d'argent à dépenser, on sait que c'est l'idée d'Ismaïl-Pacha, auquel, par conséquent, la thèse de M. de Lesseps ne saurait déplaire.

Pour corroborer son raisonnement, l'auteur prétend que l'Égypte n'a jamais été dans l'Empire ottoman à l'état de simple province; quand elle a été passagèrement dans cette situation, les étroites limites imposées à l'autorité des pachas gouverneurs devenaient la cause de toute espèce de désordres et de guerres. Il déclare donc, sans hésiter plus longtemps, qu'il faut à l'Égypte *une indépendance relative*, laquelle, selon lui, aurait été établie par le hatti-schériff de 1841, qui a donné à cette province un gouvernement héréditaire, une armée indigène, et une administration autonome; le tout à la seule condition de payer, annuellement, un tribut fixe au Sultan. La Porte aurait elle-même reconnu cette indépendance relative en la confirmant et en la fortifiant par des firmans postérieurs à celui de 1841.

Aussi les intérêts de cette situation imposent-ils, toujours d'après M. de Lesseps (p. 19), « l'obligation « impérieuse au gouvernement égyptien de ne pas « accepter aveuglément des mesures qui auraient pour « effet d'atténuer les droits dans lesquels il puise la force « nécessaire pour remplir dignement son mandat. Il « opposera donc, comme cela s'est déjà vu, une résis- « tance morale aux actes de nature à affaiblir entre ses « mains les moyens d'action que, précédemment, on « avait jugé convenable et utile de mettre à sa disposi- « tion. »

C'est ainsi que le prudent écrivain devient subitement audacieux quand il croit le moment venu de démasquer une intention arrêtée d'avance. La brochure de *l'Égypte et la Turquie* était, en effet, la défense anticipée de la *résistance morale* qu'Ismaïl-Pacha allait tenter d'opposer, quelques semaines après cette opportune publication, aux légitimes réclamations du Sultan.

Une fois cette ingénieuse idée du devoir, pour le khédive, de résister à son souverain, posée comme principe, M. de Lesseps s'enhardit jusqu'à reprocher doucement (p. 23) à Ismaïl-Pacha sa *politique de condescendance* vis-à-vis de la Porte, politique, dit-il, qui n'a jamais été suivie par ses prédécesseurs. — Tout cela est dit sans rire et sans ironie.

Tournant alors ses regards vers Constantinople, l'auteur reproche à certains membres du Divan de chercher à faire considérer l'Égypte comme le simple pachalik d'une province ordinaire (p. 23). « Heureusement, dit-il avec une généreuse bonhomie, que le Sultan, rempli de sagesse et de bonté, a ajouté aux pouvoirs et aux honneurs du khédive, et lui a accordé l'hérédité directe pour son fils ! »

Après cet hommage passager rendu au Sultan, comme pour mettre plus en relief les vues fausses et les mauvais sentiments de ses ministres, M. de Lesseps termine en insinuant que, si d'ailleurs la Porte voulait agir différemment, on ne le lui permettrait pas, et en montrant, sur l'arrière-plan de son argumentation, la diplomatie européenne prête à intervenir et à faire prévaloir ses volontés en faveur du khédive.

Tels sont, très-succinctement, l'esprit et le sens de cette brochure, qui, par la date de la publication, peut-être considérée comme ayant eu pour but d'innocenter et de légitimer, d'avance, la résistance que le khédive allait essayer.

Nous avons rappelé plus haut comment la diplomatie européenne répondit à cette avance gracieuse de l'habile et élégant avocat du khédive, et comment M. Elliot, entre autres, signifia carrément à Ismaïl-Pacha, en quête d'une échappatoire, la volonté de l'Angleterre que le Sultan fût obéi. Évidemment les arguments de M. de Lesseps n'avaient pas persuadé les Anglais.

Mais il ne sera pas inutile d'examiner, aussi brièvement que possible, ce que valent les autres assertions de la brochure *l'Égypte et la Turquie*.

Il est parfaitement vrai que le monde entier, ou du moins les nations commerciales, ont intérêt à ce que l'Égypte soit bien gouvernée, à ce que l'ordre y règne avec de bonnes finances. Mais la force d'un gouvernement ne réside pas dans la faculté qu'il a de décider de tout arbitrairement et sans contrôle.

Dire ensuite que l'Égypte n'a jamais été à l'état de simple province, n'est-ce pas jouer avec l'histoire? Est-ce que, du temps des Romains, la province d'Égypte n'était pas un peu mieux gouvernée et plus tranquille que sous la domination des Sarrasins? Loin que plus tard, à l'époque de la domination ottomane, les désordres dont l'Égypte a été le théâtre provinssent des limites trop étroites imposées à l'autorité des gouverneurs, c'était précisément l'ambition des pachas, désireux d'étendre leur pouvoir et de se dérober aux ordres de Constantinople, qui était la cause des conflits et des troubles qui survenaient. Avec des généralités on enjambe ainsi les faits qui gênent; mais si l'arc-en-ciel est une jolie chose, on sait aussi ce qu'il dure.

L'exemple de Méhémet-Ali ne prouve rien, d'abord parce que ce prince était une individualité hors ligne, et ensuite parce que les circonstances où il est apparu n'ont aucun rapport avec le temps présent.

La province d'Égypte est bien, malgré l'assertion contraire de la brochure, une province comme une autre au point de vue du droit hiérarchique et de la subordination effective à la souveraineté du Sultan, et non à sa suzeraineté nominale. Si le gouverneur d'Égypte a une armée, c'est le Sultan qui en fixe le chiffre et qui en nomme les chefs au-dessus du grade de colonel; et cela est logique, puisque cette armée existe *pour le service du Sultan*. Le pavillon est le même pour les deux marines.

C'est aussi au nom du Sultan, et nullement au nom du gouverneur de la province, que les impôts sont perçus.

Le fellah qui paye les taxes sait et doit croire qu'il les paye au souverain dont le nom est marqué sur les monnaies, et pour lequel la prière se dit tous les soirs dans les mosquées, bien que le gouverneur ait l'administration de la province.

Il est donc de droit réel et étroit que le Sultan exerce un contrôle en ce qui concerne un budget perçu en son nom sur ses sujets, et qu'il tienne à savoir comment le budget est dépensé. Les observations énoncées à cet égard dans les lettres du grand vézir sont parfaitement fondées en droit. C'est même le devoir du souverain de ne pas laisser les financiers du Caire pressurer les malheureux fellahs au profit d'un gouverneur passionné pour l'argent et le luxe, et des quelques gens d'affaires qui exploitent sa vanité en se faisant les courtiers de son ambition.

L'indépendance, même *relative*, de la province d'Égypte n'est donc qu'un vain mot dont le gouverneur ne saurait faire une réalité sans blesser tous les droits de son souverain et sans violer ouvertement, dans la lettre et dans leur esprit, tous les firmans auxquels il doit son investiture des fonctions qu'il remplit.

Voilà ce que sait bien, mais ne veut pas voir, l'auteur de la brochure, dont le résumé du firman de 1841 est une merveille de prestidigitation. Ce hatti-schérif règle dans la mesure nécessaire l'étendue des pouvoirs laissés au gouverneur de l'Égypte, et cela dans le double intérêt de la Turquie en général et de la province d'Égypte en particulier.

Si la Porte, depuis cette époque, a plusieurs fois acquiescé à des modifications des firmans et des lois de l'empire en faveur de l'Égypte, ces modifications n'ont infirmé en rien ses droits de souveraineté et n'ont fait, au contraire, que les constater de nouveau.

Lors donc que l'auteur de la brochure motive sur une indépendance relative, qui n'a jamais été ni réelle ni nominale, l'invitation assez inattendue qu'il adresse au khédive de résister moralement à la Porte dans certains cas dont il serait le seul juge, qui pourrait être dupe de cette phraséologie trop transparente? Si peu que les conseillers d'Ismaïl-Pacha aient intérêt à flatter son penchant pour le pouvoir absolu et pour l'indépendance, afin d'écarter tout contrôle de la part du Sultan sur un budget qui est pour eux une source de profits sans cesse renouvelés, qui ne voit le secret de leurs sophismes et la raison trop claire de cette théorie fantastique de l'indépendance relative?

N'est-ce pas là le programme de ce parti de la résistance morale, c'est-à-dire de la désobéissance effective aux ordres du Sultan, dont l'auteur de la brochure se serait fait l'avocat officieux?

L'écrit de M. de Lesseps part de l'hypothèse que la Turquie voudrait s'ingérer abusivement dans l'administration de l'Égypte. Qui ne sait, cependant, que le conflit turco-égyptien n'est venu que de la prétention du khédive à se soustraire de plus en plus à l'autorité de son souverain?

N'est-il pas plaisant d'entendre reprocher à Ismaïl-Pacha sa soi-disant *politique de condescendance* vis-à-vis de la Porte, politique qui n'aurait jamais été suivie par ses prédécesseurs, tandis qu'il est notoire qu'aucun de ces prédécesseurs, ni Méhémet-Ali depuis sa soumission, ni Mohamed-Saïd, ni Abbas-Pacha, n'ont jamais soulevé aucune prétention blessante pour les droits de leur souverain, ni même demandé les faveurs que le Sultan a accordées à Ismaïl-Pacha?

Quel que pût être le désir naturel des grandes puissances de voir apaisé le conflit turco-égyptien, il est impossible d'apercevoir sur quelles raisons plausibles elles se fussent appuyées pour encourager ou soutenir la résistance du khédive.

En revanche, il est très-facile de voir les graves dangers qui résulteraient, pour la sécurité et l'intégrité de l'Empire ottoman, du succès, même partiel, qu'aurait obtenu la prétention du khédive de décider seul des intérêts suprêmes d'une province formant une partie importante de l'Empire, et particulièrement de pouvoir contracter à l'étranger, en dehors de l'assentiment et de l'autorisation explicite du souverain, des emprunts engageant l'avenir et pouvant être ruineux.

Quoi que puisse dire M. de Lesseps, l'Égypte est une province turque, et ne saurait devenir, sans danger pour l'Empire, un Etat séparé. On a assez abusé, depuis un certain nombre d'années, du prétendu principe des nationalités pour qu'il soit opportun de laisser dormir maintenant cette arme, si commode entre les mains des forts, et si vaine pour défendre et protéger les faibles.

La brochure *l'Égypte et la Turquie* insinue qu'il existe à Constantinople un parti qui regrette l'institution d'une administration particulière en Egypte, et qui tend à dénaturer dans la pratique l'esprit du firman de 1841. Ce parti nous semble une hypothèse imaginée pour le besoin de récriminer.

Mais ce qui existe bien, non à Constantinople, mais en Egypte, c'est le parti ou, si l'on veut, la coterie des gens d'affaires qui poussent le khédive à exagérer les priviléges que le Sultan lui a concédés, et à en faire sortir dans la pratique son indépendance réelle.

C'est ce parti qui a conseillé au khédive l'accroissement de toutes les dépenses résultant de l'augmentation de l'armée et de la marine, et qui a conçu ces projets d'exploitation générale du sol égyptien à l'image de certaines entreprises financières de la France. C'est ce parti qui flatte les pensées ambitieuses d'Ismaïl-Pacha, dont l'oreille et les trésors lui sont ouverts; c'est, en un mot, ce parti qui inspire tout ce qui se fait au Caire et à Alexandrie.

Que l'habile et heureux organisateur du canal de Suez tienne à présenter les affaires de l'Egypte sous le jour qui convient le mieux à la position qu'il occupe près du khédive, son associé principal et presque son maître dans la grande entreprise qu'il dirige, cela est tellement naturel, qu'il doit être le premier séduit par les apparences de cette prospérité égyptienne dont on nous vante les bienfaits à grands renforts de réclames depuis tantôt dix ans. Mais cette perspective complaisante n'existe pas pour tout le monde; et il y a des yeux non prévenus qui se refusent à voir l'Egypte à travers les lunettes de la compagnie de Suez. M. de Lesseps a rapporté d'Egypte le phénomène du mirage, qu'il essaye d'introduire dans la politique. Malheureusement cet ingénieux procédé rencontre d'insurmontables obstacles dans la réalité des faits.

L'importance politique du canal de Suez, si fortement mise en relief par M. de Lesseps, est réelle, mais à la condition que le moyen qu'il recommande avec insistance soit nettement repoussé par les puissances. L'auteur de la brochure insinue que la liberté de la navigation sera mieux garantie par l'indépendance de l'Egypte et par la neutralisation du canal, que si le pays reste soumis à la souveraineté du Sultan et continue de faire partie intégrante de l'Empire ottoman en s'y rattachant par des liens étroits.

C'est précisément le contraire qui est ici le vrai. La liberté de navigation du canal trouve sa garantie dans l'intérêt qu'ont les grandes puissances au maintien de cette liberté pour le commerce et le transit de leurs nationaux; et il est bien évident que cette garantie sera plus sérieuse si elle s'appuie sur l'autorité d'un souverain faisant partie du concert européen que sur celle d'un simple pacha plus ou moins indépendant et pouvant être influencé par des mobiles personnels au-dessus desquels se placera toujours un gouvernement tel que celui du Sultan.

La neutralisation du canal n'aurait qu'un but, favoriser les aspirations du khédive à l'indépendance en élevant du côté de terre, qui est la frontière la plus difficile à défendre, un obstacle moral à une armée ottomane venue pour mettre à la raison un gouverneur d'Egypte révolté. C'est le motif pour lequel les flatteurs d'Ismaïl-Pacha proposent la neutralisation du canal; ce doit être par conséquent, aux yeux des puissances signataires du traité de 1856, un motif péremptoire de la repousser.

La grande objection que faisait lord Palmerston contre le percement de l'isthme de Suez, c'était la crainte que la création du canal maritime ne devînt un prétexte pour que le pacha d'Egypte cherchât à se rendre indépendant. M. de Lesseps, qui eut tant à lutter autrefois contre le mauvais vouloir obstiné de lord Palmerston, et qui se plaignait si haut de ce mauvais vouloir éclatant, ne s'aperçoit-il pas aujourd'hui que les idées exprimées dans sa brochure, si on les acceptait, donneraient complétement raison aux craintes du célèbre homme d'Etat anglais, et qu'en fait ce serait lord Palmerston qui aurait été la victime de M. de Lesseps? Plaisante chose en vérité, et que ne prévoyaient guère à coup sûr en 1859 ceux qui, comme nous-même, défendaient à cette époque l'entreprise de M. de Lesseps!

En revenir sans cesse à Méhémet-Ali et à ce que l'Egypte était avant son arrivée dans le pays, c'est trop oublier qu'un demi-siècle s'est écoulé depuis. Ce qui est à prendre en considération, c'est la situation actuelle et les intérêts de tout ordre qui s'y rattachent. Voilà la vraie question.

Personne ne méconnaît les progrès réalisés en Egypte par Méhémet-Ali et ses successeurs; il faut cependant convenir que les intérêts européens sont mieux protégés dans l'Empire ottoman que sous l'administration d'Ismaïl-Pacha. Les plaintes des étrangers résidant en Egypte contre l'administration arbitraire du khédive sont extrêmement fréquentes, tandis que, dans les autres parties de l'Empire, les étrangers se louent de leurs rapports avec le gouvernement central et avec les autres fonctionnaires ottomans.

Ce serait aussi, en vérité, faire preuve d'une singulière ignorance que de se représenter la Turquie d'aujourd'hui telle qu'elle était en 1828, au lendemain du traité d'Andrinople. Sébastopol a cessé de renfermer une flotte de guerre et une armée de 60,000 hommes toujours prêts à débarquer à la Corne-d'Or. Le traité de 1856, bien qu'aux yeux de beaucoup de Français il ait été trop favorable à la Russie, a changé politiquement et diplomatiquement la situation en Orient; et c'est depuis ce traité que la Porte, délivrée des menaces incessantes du tzar, a pu s'occuper activement d'améliorer son régime intérieur et jeter sur l'Egypte un regard bienveillant mais attentif. Cette bienveillance du Sultan s'est manifestée constamment par toutes sortes de concessions gracieuses, jusqu'au jour où, la trahison levant cyniquement la tête, la dignité du souverain et le devoir de sauvegarder l'intégrité de l'Empire lui ont commandé une attitude plus sévère et des avertissements mérités.

La brochure de l'éminent directeur de l'entreprise du canal maritime de Suez aura donc eu, contre son intention assurément, mais en fait, cet excellent résultat de révéler clairement à tous les yeux les mobiles et le but réel des prétentions du khédive et de sa résistance aux ordres de son souverain. L'auteur dédaigne les réticences jésuitiques ; il croit à l'indépendance *relative* de la province d'Egypte; il compte pour non avenus tous les articles des firmans qui établissent la subordination du gouverneur de la province vis-à-vis du Sultan ; et il aspire pour l'Egypte à l'indépendance complète, sauf le payement d'un tribut annuel. Après de pareils aveux, il n'y a plus à se méprendre sur l'origine et les causes du conflit turco-égyptien.

Reste à examiner ce que les intérêts de la politique européenne en général, et ceux de la France en particulier, exigent relativement à la question égyptienne.

# VI

CONCLUSION. — AMBITIONS QUI S'AGITENT AUTOUR DE LA TURQUIE. — NÉCESSITÉ DE MAINTENIR L'INTÉGRITÉ DE L'EMPIRE OTTOMAN. — OBLIGATION GÉNÉRALE POUR LES PUISSANCES DE NE PAS S'IMMISCER DANS LES CONTESTATIONS ENTRE LE SULTAN ET LE KHÉDIVE. — OBLIGATION PARTICULIÈRE POUR LA FRANCE DE CONSEILLER LE MAINTIEN INTÉGRAL DE L'AUTORITÉ DU SULTAN SUR L'ÉGYPTE. — INTÉRÊT SPÉCIAL POUR LES RÉSIDENTS EUROPÉENS DE MAINTENIR L'AUTORITÉ DU SULTAN. — DEVOIR POUR TOUTES LES PUISSANCES DE FAIRE DES REPRÉSENTATIONS AU SULTAN POUR QU'IL SOIT MIS UN TERME AU RÉGIME DESPOTIQUE QUI PÈSE SUR LES HABITANTS DE L'ÉGYPTE.

Et maintenant que nous venons de préciser, d'après les documents et les textes officiels, la place exacte que l'Égypte occupe dans l'Empire ottoman, et la position parfaitement définie du khédive, gouverneur héréditaire de cette province, vis-à-vis du Sultan son souverain, quelle conclusion pratique doit sortir de cet exposé, en ce qui concerne la politique que conseillent à la France les nécessités de la paix générale, les soins de sa grandeur et les intérêts de son commerce, sur ce point de nos relations extérieures ?

La situation politique de l'Empire ottoman a cela de

particulier que, puissance indépendante autant qu'aucun autre État, empire, royaume, ou république, la Turquie se trouve, de fait, le point de mire des ambitions les plus diverses et les moins dissimulées.

La Russie convoite, au grand jour, le Bosphore et Constantinople, qui sont les clefs de la mer Noire. Les successeurs de Pierre le Grand et de Catherine II renonceront d'autant moins à cette espérance, que l'agrandissement soudain de la Prusse menace de leur fermer l'entrée et la sortie de la Baltique.

Du côté du Danube, les Principautés roumaines, la Serbie et même le Montenegro, projettent aussi des agrandissements aux dépens de la Turquie, et lui enlèveraient volontiers tout ou partie de ses provinces d'Europe.

Enfin, il n'est pas jusqu'aux Grecs, qui, égarés par les souvenirs classiques, et oubliant que la race qui habite aujourd'hui l'Attique et la Morée n'a de commun que les débris d'un idiome corrompu avec les antiques compagnons de Miltiade et de Thémistocle, rêvent sans cesse l'extension de leurs frontières jusqu'aux Balkans et aux montagnes de Thrace dans le Nord, et l'annexion de la Crète et de l'archipel au Sud et à l'Est.

En face de ces aspirations ambitieuses, la province turque d'Egypte, véritable isthme jeté entre la Méditerranée et l'Océan indien, possède la position géographique la plus enviable, tandis que, par l'exiguïté de son territoire et de sa population, elle est et sera à jamais incapable de défendre son indépendance. Le jour où elle se séparerait de la Turquie, dont elle est une province protégée par le principe de l'intégrité de l'Empire ottoman, elle deviendrait forcément l'objectif des grandes nations maritimes.

Plus que jamais l'Egypte est redevenue aujourd'hui la route universelle des Indes et du haut Orient. La création du canal maritime de Suez a anéanti l'importance politique des stations maritimes que l'Angleterre avait mis deux siècles à conquérir et à fonder sur la côte occidentale d'Afrique, depuis Sierra Leone et Sainte-Hélène jusqu'au cap. On entrevoit en même temps de quel prix est le transit par l'Egypte pour les nations riveraines de la Méditerranée, la France, l'Espagne, l'Italie, l'Autriche, et même pour les nombreux navires qui relèvent du port d'Odessa.

Dans des circonstances pour ainsi dire aussi critiques, la moindre atteinte portée à l'intégrité de l'Empire ottoman peut devenir le signal de l'entrée en campagne d'innombrables convoitises, et la cause d'une guerre formidable où se heurteraient toutes les nations européennes.

C'est la vue de ce péril certain qui émeut la diplomatie au moindre signe d'ébranlement qui se manifeste dans l'agencement des diverses parties de l'Empire des Sultans; c'est cette crainte, si vivement ressentie à Paris, à Londres et à Vienne, qui protége la Turquie contre les mauvais vouloirs trop évidents de tel ou tel Etat, grand ou petit; c'est cette crainte qui vaut à l'Empire ottoman, quoique parfaitement indépendant, tous les bénéfices d'une neutralisation effective.

Toutes les dissertations, tous les arguments de certaine école et de certains publicistes, en faveur des droits prétendus des races et des nationalités, tombent devant la nécessité de garantir et de défendre énergiquement l'intégrité de l'Empire ottoman, nécessité qui s'impose à tous les hommes d'Etat, et qui, depuis 1840 surtout, a été le principe dirigeant de la diplomatie européenne en Orient, et particulièrement celui de la France.

La première conséquence de ce principe, dans la conduite à tenir quant à la question égyptienne, c'est que les puissances n'interviennent, à aucun titre ni à aucun degré, dans les contestations qui pourront survenir entre le Sultan et le khédive. Aux termes des traités, il suffit que ce soit un membre de la famille de Méhémet-Ali qui remplisse les fonctions de vézir administrateur de l'Egypte pour que les puissances participantes aux traités de 1840 et de 1856 se tiennent pour satisfaites.

Rien n'est propre à diminuer la considération due à un grand pays, tant vis-à-vis de ses sujets que devant les autres nations, comme les ingérences continuelles de la diplomatie, qui, en fait, réduiraient le gouvernement de ce pays à une sorte d'Etat de mineur.

On comprend l'intervention étrangère en faveur d'un gouvernement faible qui a besoin d'être protégé; on ne la comprend pas imposée à un gouvernement qui a le sentiment de son droit et de sa force à l'égard d'un subordonné disposé à la révolte. On la concevait en 1840, parce qu'alors elle était provoquée par le Sultan lui-même; elle est impossible aujourd'hui que la Porte la repousse.

Lors de l'insurrection crétoise, lorsque les politiques d'Athènes violaient, à l'égard de la Turquie, les principes du droit des gens, les puissances ont interposé leur autorité pour empêcher le Sultan de châtier la Grèce. La conduite des puissances a été, en cela, plus ou moins habile et claivoyante, mais elle a été intelligible.

Dans le conflit turco-égyptien, question purement intérieure à la Turquie, si le Sultan se croit en mesure de faire rentrer dans le devoir son subordonné, pourquoi et de quel droit l'empêcherait-on d'agir?

Mais, dit-on, si le conflit est poussé jusqu'à une lutte armée, n'y a-t-il pas à craindre qu'il ne surgisse des difficultés, peut-être des insurrections sur le Danube ou ailleurs? Ces insurrections ne seront point à redouter si les puissances sont résolues à ne pas les tolérer, et si cette résolution est authentiquement établie. La Russie, la seule puissance qui pourrait avoir intérêt à des troubles dans la Turquie d'Europe, ne s'y mêlera pas dans ce cas-là, et ses agents, certains alors d'être abandonnés, se tiendront tranquilles.

Les puissances ont garanti l'intégrité de l'Empire ottoman contre une invasion du dehors, et contre un démembrement provoqué par des ambitions qui ne sont un mystère pour personne. C'est pour obvier à ce péril qu'a été conclu le traité de 1856, par lequel les puissances s'interdisent toute immixtion dans les affaires intérieures de la Turquie. On avait à cœur de détruire jusqu'aux dernières traces du traité d'Andrinople. Mais cette interdiction s'applique tout aussi bien à la France et à l'Angleterre qu'à la Russie et à l'Autriche.

Tout se tient ainsi dans les rapports des puissances avec la Turquie, la garantie pour les affaires du dehors, l'abstention pour les affaires intérieures.

Si la Porte n'avait craint d'émouvoir les autres puissances, croit-on que le conflit turco-égyptien eût pris les proportions qui ont un instant inquiété le monde des affaires? Le jour où le khédive eût été bien assuré que ses prétentions à l'indépendance ne trouvaient d'écho nulle part, ce jour-là il se fût exécuté sans plus de façon; et s'il avait contraint son souverain à faire une démonstration armée, un firman, appuyé au besoin par la flotte ottomane et une armée, l'aurait remplacé par un autre membre de la famille de Méhémet-Ali, et tout eût été réglé au plus grand avantage de la paix européenne.

C'est parce que la situation était envisagée de la sorte à Constantinople que l'opinion publique y était fort excitée contre le khédive et réclamait l'emploi immédiat de mesures énergiques; mais la Porte eut la sagesse de résister à cette pression de l'opinion publique; et il faut reconnaître qu'elle n'a rien perdu de sa considération à procéder avec plus de ménagements et à montrer de la longanimité. Il sied aux forts d'avoir de la patience vis-à-vis les faibles et les subordonnés; tandis que les tergiversations du khédive récalcitrant n'ont abouti qu'à diminuer encore le peu de prestige dont ses amis avaient essayé de l'entourer. Il n'est pas jusqu'à la faute que commit Ismaïl-Pacha de recourir à l'intervention des ambassadeurs, pour se couvrir de leur patronage vis-à-vis de son souverain, qui ne lui ait fait un tort immense parmi les musulmans, dont la fierté nationale s'indignait que celui qui devait l'exemple de l'obéissance osât recourir à l'appui des étrangers contre le Sultan.

Mais laissons là les faits accomplis, et considérons la situation à un autre point de vue. Il s'agit d'examiner ce qui peut en sortir.

Le khédive, vaincu et peu satisfait, s'est rendu. Mais le fond de sa nature n'est pas changé et ne changera pas. Il n'y a point contradiction à craindre qu'il ne saisisse la première occasion où il verra la Porte dans l'embarras pour reprendre, d'une autre façon peut-être, mais avec sa ténacité déjà éprouvée, ses projets d'indépendance. Tout est fini de ce côté, mais tout peut recommencer.

Il y a, en Egypte, dans l'entourage du khédive, un groupe d'hommes influents qui le pousse à se rendre indépendant, et qui flatte sa vanité pour se le rendre plus favorable. Ce parti, qui aime mieux n'avoir affaire qu'au khédive et à son budget, et n'avoir point à subir le contrôle du Divan, l'encourage à la résistance dans les questions financières plus encore que dans toute autre. La brochure de M. de Lesseps n'est que l'écho de ce parti de la résistance, qui se croit assez fort pour se dévoiler, et qui peut, à certains moments, exercer une pression puissante sur une nature déjà toute disposée à obéir à ses suggestions. Il y a donc là une situation qui demande que l'on avise.

Il est évident, d'après ce que nous venons de dire, que la diplomatie française, loin d'abonder dans le sens de l'extension des priviléges concédés en 1841 au pacha d'Egypte, doit en conseiller l'exécution rigoureusement littérale, avec les restrictions positives qui sont textuellement énoncées dans les firmans.

Telle doit être la règle de notre politique en ce qui concerne la Turquie et l'Egypte. Nous devons garder résolûment la ligne qui maintient intégralement l'autorité du Sultan sur sa province d'Egypte, et résoudre, conformément à ce principe, toutes les questions qui pourront surgir, et sur lesquelles nos représentants seront appelés à donner leur avis.

C'est à la Porte, de son côté, de ne pas souffrir que les prescriptions des firmans, en ce qui concerne l'armée, la marine et les emprunts, soient oubliées et mises de côté. C'est à la Porte surtout de poser des limites sérieuses au pouvoir despotique qu'Ismaïl-Pacha fait peser sur les fellahs, et de lui demander compte de l'emploi qu'il fait des trésors de l'Egypte. En un mot, c'est à la Porte de mettre en pratique, et d'exercer en fait, les droits qu'elle a énoncés dans le dernier firman du Sultan.

Ces conditions remplies des deux côtés, bien des malheurs seront évités.

Mais on fait une objection, et on dit que les résidents européens et les voyageurs ont tout à gagner à ce que les personnes et les propriétés des étrangers soient placées sous la protection et la garantie du khédive.

C'est là une illusion.

Le khédive ne saurait être considéré comme le défenseur spécial des intérêts européens en Egypte; et tous ceux qui lui ont attribué ce caractère ne tardent pas à s'apercevoir que le soin passionné de ses intérêts à lui, et le désir d'accroître incessamment sa fortune personnelle, sont le seul mobile de ses actions et tout le secret de ses mesures administratives.

Bien que l'administration intérieure de l'Egypte relève du gouvernement auquel les sultans ont accordé certains priviléges déterminés, il n'en reste pas moins vrai qu'il faudra toujours en appeler, pour la protection des intérêts étrangers, au pouvoir central de l'Empire, c'est-à-dire au Sultan, parce que c'est le Sultan qui est engagé directement vis-à-vis des puissances pour la protection des intérêts européens, dans sa province d'Egypte comme dans toutes les autres provinces de son empire. Quand ces intérêts se trouvent lésés, c'est au pouvoir central que les plaintes remontent toujours.

Si le khédive tenait sincèrement à défendre ces intérêts, prendrait-il cette attitude menaçante qui finira par amener une conflagration en Orient, et qui se manifeste par de récentes commandes d'armes et d'engins de guerre, tels que canons, mitrailleuses, etc., et par des engagements d'officiers américains à son service, toutes choses qui sont postérieures au dernier firman du Sultan?

Déjà on avait remarqué l'affectation d'Ismaïl-Pacha à établir des fortifications en Egypte, sur les côtes d'Aboukir et de Damiette, au moment même où il se soumettait. Pourquoi continue-t-il aujourd'hui encore ses dispendieux préparatifs, puisqu'il est couvert par la protection et les armées du Sultan? et de quel œil les consuls des puissances, à Alexandrie, voient-ils ces armements?

Ne serait-il pas plus aisé au khédive, à l'abri de l'autorité du Sultan, qui vit en paix avec l'univers, de rendre l'Egypte heureuse et prospère, et de se consacrer à développer le bien-être de cette population de quatre à cinq millions d'hommes qui gémit actuellement sous son joug?

Si l'on veut sauvegarder réellement les intérêts européens en Egypte, c'est au Sultan qu'il faut demander de mettre un terme au régime de spoliation et de gaspillage qui dévore actuellement toutes les ressources de l'Egypte : car, si la situation actuelle dure encore quelque temps, les intérêts de toute sorte, qui sont déjà en souffrance, ne feront qu'empirer.

Nos représentants en Turquie s'empressent de faire des observations, plus ou moins fondées, chaque fois qu'il s'agit des intérêts chrétiens en Orient. Aujourd'hui que les agissements d'Ismaïl-Pacha jettent dans la misère et le dénûment une population mahométane de cinq millions d'âmes, n'est-ce pas également un devoir, pour les ministres et les ambassadeurs européens, de présenter à qui de droit des observations à cet égard? Et est-ce qu'à défaut du texte formel d'un traité quelconque, les droits de l'humanité ne suffisent pas pour leur inspirer une demande en faveur des victimes d'un égoïsme abrutissant et spoliateur?

Il est temps d'en finir avec ce pastiche de civilisation qui s'est installé sur les bords du Nil, et qui n'a servi jusqu'ici qu'à tromper l'Europe.

La France, plus qu'aucune autre puissance, a intérêt à ce que l'Egypte reste étroitement unie à l'empire du Sultan; et lorsque tous les nuages auront disparu, lorsque cette belle province possédera une administration équitable et intelligente, alors elle pourra jouir d'une paix profonde. Ce qui importe à l'Egypte, ce n'est pas l'autonomie, mais de l'ordre dans ses finances et de la justice dans son gouvernement.

---

# TABLE

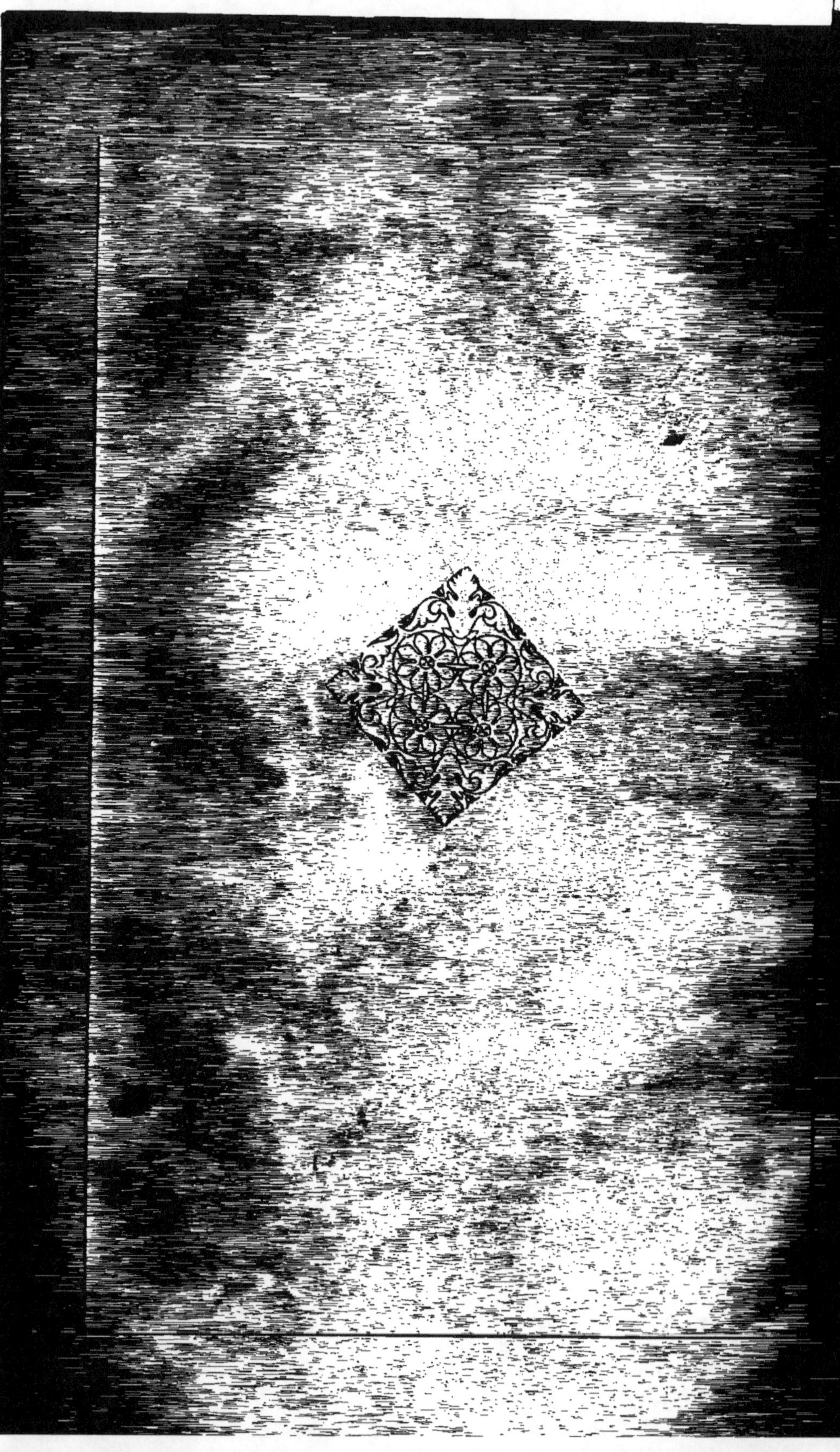